· 期权红宝书系列 ·

U0743000

卖期权
是门好生意

小马　明达／著

电子工业出版社·
Publishing House of Electronics Industry
北京·BEIJING

内 容 简 介

如果在卖期权时能够控制好风险，就可以获得稳定的现金流，甚至可以实现复利。本书从卖期权的基础知识说起，到卖期权的策略、核心思想，主要深入剖析卖期权的风险控制，这是卖期权的关键所在。本书最后介绍有关卖期权的拓展知识，包括临近交割的商品、美股期权等，以及对期权思想应用的延伸，希望读者能够应用好卖期权的策略。

本书面向对期权基础知识有一定的了解、希望在期权市场中赚取更多收益，但不太懂风险管理的期权投资者，以及需要学习更多实战经验的读者。

图书在版编目（CIP）数据

卖期权是门好生意 / 小马，明达著. —北京：电子工业出版社，2020.1（2025.10重印）.
（期权红宝书系列）

ISBN 978-7-121-37858-4

Ⅰ．①卖… Ⅱ．①小… ②明… Ⅲ．①期权交易－基本知识 Ⅳ．①F830.91

中国版本图书馆 CIP 数据核字（2019）第 253891 号

责任编辑：黄爱萍
印　　刷：北京捷迅佳彩印刷有限公司
装　　订：北京捷迅佳彩印刷有限公司
出版发行：电子工业出版社
　　　　　北京市海淀区万寿路 173 信箱　　邮编：100036
开　　本：720×1000　1/16　印张：14.25　字数：228 千字
版　　次：2020 年 1 月第 1 版
印　　次：2025 年 10 月第 15 次印刷
定　　价：79.00 元

凡所购买电子工业出版社图书有缺损问题，请向购买书店调换。若书店售缺，请与本社发行部联系，联系及邮购电话：（010）88254888，88258888。

质量投诉请发邮件至 zlts@phei.com.cn，盗版侵权举报请发邮件至 dbqq@phei.com.cn。

本书咨询联系方式：（010）51260888-819，faq@phei.com.cn。

期权生意兴隆

　　我和小马老师、明达老师都是国内最早一批接触期权并有情怀推广期权的同好，我们共同见证了国内期权成交量的增长与投资者学习期权的激情的燃烧。国内期权市场发展的大潮已经来临，在此背景下，本书应运而生。

　　期权是一个强大的工具，以至于我们很难用一句话概括它的全貌。我们常说，期权是个好"情人"。当我们想小赌怡情时，她像一枚小小的彩票。当我们想波澜壮阔时，她像一艘飞驰的快艇。当有一天，我们看淡了云卷云舒、厌倦了风险，她可以帮你规避波动风险，过上平静安稳的日子。"期权对你来说是什么？"这是我建议每个期权交易员都必须回答的问题。期权是梦想，对于资金量偏小的个人投资者来说，往往渴望通过期权获得高收益。但我们也理性地知道，永远不能脱离资金量和资金来源属性来评价收益率的高低，收益率、回撤、胜率都是我们要综合考虑的问题。

　　我常用"非线性"和"多维度"来概括期权的本质，也曾问一些期权"战友"们，"一定要清楚你主要赚的是什么钱，你的主要风险在哪里？"。期权工具是帮我们表达观点的，期权交易策略的多样性使得我们可以在快涨、慢涨、横盘、慢跌、快跌等各种市场状态下都有办法赚钱。从维度的角度来讲，我们有办法不仅可以从"标的涨跌"这个维度上赚钱，还可以从时间和波动率两个维度上赚钱。在具体实践中，"卖期权"是一个很好的表达方式。如果我们的卖方是带方向的，容错性就会很不错。如果我们是Delta中性的卖方，则几乎可以全天赚钱。如果我们卖在隐含波动率的高点，一般就可以躺赢一段时间。一转身我们都成为了"卖期权的生意人"。

本书体系完整，从基础知识到常见策略，从卖方思想到至上风控，环环相扣。本书内容实操性强，重策略经验和实战案例，从顺境行情到极端处理，历历在目。本书作者有趣，从民间高手到私募经理，从国内期权到境外市场，天天实战。本书读者很幸运，或自由梦想或细水长流，祝初到新手和沙场老兵，日日精进！

最后，送大家一句话："买得精确，卖得精明"，祝大家买卖结合，生意兴隆！

王勇

期权交易者学会　理事长

"期权红宝书系列"丛书　主编

成都融固资产管理有限公司　董事长

《期权交易——核心策略与技巧解析》作者

前　　言

《小马白话期权——1 年 100 倍的稳健交易心法》讲的是如何在趋势性行情中，做好资金管理、移仓操作，抓到大行情的机会，实现资产的腾飞。《小马白话期权 2——多品种交易机会与稳健盈利策略》讲的是把握 50ETF 期权、商品期权和美股期权，使用买方抓到不同的高收益，以及在复杂多变、来回震荡的行情中，如何用好对冲、买卖结合，实现收益的稳健增长。

随着交易资金量的变化、行情的演变，卖方交易的力度逐渐加大，并且在较高波动率、低标的波动时，做卖方已经成为主要的交易策略。

我们先来看看买期权承载梦想所需要的几个条件：

一是标的长期横盘过后，处在中期的底部，这时候再发动行情，正如股市里说的"横有多长，竖有多高"，只有连续几个月的单边上涨才可能有巨大的利润和较高的利润率。比如，2017 年 4 月底，50ETF 期权横盘了四个月，随后开始了半年的上涨行情。

二是波动率在历史低位，那时候期权的价格会非常低。比如，2017 年 4 月底，50ETF 期权的波动率低到了 8%，一个月到期的平值期权约为 200 元/张，这时如果标的波动，期权就会很快翻倍。当然，如果标的的中期底部和波动率的低位能够结合起来，那就更加完美了。

三是高位快跌。当标的上涨到很高的位置后，许多人一致看涨，这时认沽期权就会很便宜，如果有超出常人意料的快速下跌，就会产生高倍数的期权。

但是，这样的机会不会常有，而且，从指数的波动规律来说，70%以上处于震荡之中，因此，针对买方的大机会，要么等，要么忍。

而期权的卖方，则是"全天候、多时空"的交易方式。它既可以表达方向，也可以表达区间，还可以赚取波动率和时间价值，可以说几乎任何时候都可以用卖方来进行期权操作。卖期权是一门好生意，可以进行项目管理，可以进行目标任务倒推，可以根据风险收益预期来制定期权策略。我觉得，这是其他投资品种无法实现的。比如，如果想一个月赚3%，一年赚30%，那么用卖方就可以稳定地实现，而其他品种却很难做到。

之前普遍宣传的是卖期权"收益有限，风险无限"，但"概率很高"这一句却很少被人提起，也有人看不上卖期权一个月几点到十几点的收益，但在趋势性行情中，方向性卖出实值期权，一个月收入投资的 20%～30% 的可能性并不低，也就是说这是"看天吃饭，多劳多得，丰简由君"的好生意。

卖期权最难的事情就是风险控制，步骤包括事前风控、事中风控、事后风控，做法包括控制仓位、压力测试、及时对冲、做好反手。在掌握了这些方法之后，你会有"山高人为峰，期人合一"的感觉，盈亏平衡点、方向性敞口、波动率敞口都在你的掌握之中，即使不看盘也能测算某段时间的盈亏有多少。在非极端行情中，这也是相对简单的。而在极端行情中的风险控制，是灾后重建还是一蹶不振，更加反映期权投资者的水平。

　　本书由小马和明达合写，第 1、2 章讲述卖期权的基础知识和常见策略，这部分都来自笔者在期权实操中的经验，不依赖于传统的书本，操作性强。第 3、4、6 章讲述卖期权的核心思想，尤其是卖期权的风险管理，这是笔者在用数千万元资金卖期权的操作中得来的经验。第 5 章讲卖期权的一些进阶思考。

　　期权既能承载梦想，也是一门细水长流的生意，而这门生意和你"创业"阶段有多少本钱并没有完全依赖的关系。卖方树立做生意的意识，争取实现资产的跳跃式增长，这是期权投资者的常胜之道。

　　最后，送给读者两句话：

　　财不入急门。

　　控制风险，买卖结合，先收后押，盈利之道。

小马

2019 年 10 月　于北京

目　　录

第 1 章

1

期权基础知识

1.1 如何卖出第一张期权

目前，市场上常用的期权交易软件主要有汇点、通达信、咏春和钱龙等电脑端软件，以及各券商开发的移动端软件。不同的软件，在交易界面和显示上存在一定的差别。下面以汇点的交易系统为例，讲述卖出期权的具体步骤。

1. 期权的T型报价

在登录汇点的交易系统并进入交易软件后，就可以看到占据主界面的期权的 T 型报价，如图 1-1 所示。从图 1-1 中可以看到，认购期权和认沽期权分别处于"购〈行权价〉沽"一列的左右两侧，还可以看到期权合约的基本信息，如最新价、买价（买入价格）、卖价（卖出价格）、总量、持仓量等。

图 1-1　期权的 T 型报价

2. 下单

通过 T 型报价，选取我们要交易的合约并双击，就进入了合约的下单界面。图 1-2 所示是汇点交易软件的下单界面，该界面很简洁，可设置开仓、平仓、数量、价格等参数，还包含"买入"和"卖出"按钮。

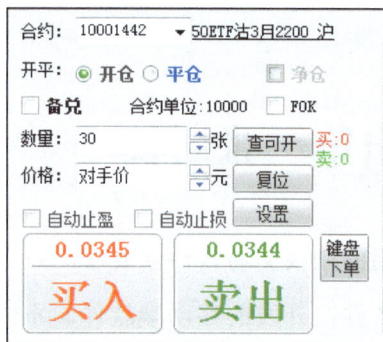

图 1-2　汇点交易软件的下单界面

如果想在没有仓位的情况下卖出期权，则要选取开仓，并决定实际的成交量，默认的合约成交量为 1 张。需要注意的是，目前各个交易所都有单笔限仓的规定，如上海证券交易所规定单笔合约订单数量不得超过 30 张。如果要一次性开仓更大的仓位，则需要在交易软件的"参数设置—期权"模块中选取"自动拆单"功能，将订单数量拆分后再进行交易。

如果想以市场价进行快速成交，就可以在"价格"下拉选项中选择"对手价"（图 1-2）。如果想自己设定价格，就在"价格"栏中输入价格。注意，千万不要输错了，因为由价格输入错误所造成的亏损是不可挽回的，且在实际交易中，几乎每个月都会出现投资者将价格输错的情况。图 1-3 和图 1-4 所示即为将价格输错的情况，其中最高价比最低价高出上百元。

图 1-3　白糖沽 1 月 4800 合约日线图

图 1-4　豆粕沽 1 月 2900 合约日线图

图 1-2 中的"FOK"是立即全部成交否则自动撤销指令，该指令在剧烈变化的市场中，有一定的测试市场深度的作用，但对小资金交易的作用

不大，因此普通投资者在操作时一般都不选择该指令。

下单之前的最后一步是检查保证金，直观地看，50ETF 深虚期权的保证金约为 2000 元/张，浅虚期权的保证金为 2000～4000 元/张，实值期权的保证金一般在 5000 元/张以上。对于新手而言，控制开仓的规模是进行风险控制的基本操作，因此建议以名义本金的 1/4 至 1/3 作为保证金，以控制账户整体的风险。例如，假设 50ETF 期权的价格是 2.5 元，1 张期权对应 2.5 万元的现货，那么针对 1 张期权，则需要准备 6000～8000 元的保证金。如果账户里有 10 万元，那么就可以开出 12～16 张期权，以此类推。

1.2　期权价值的组成

期权价值包含时间价值与内在价值。时间价值是对卖期权策略的风险补偿，是期权买方为了获取非线性杠杆所必须付出的成本，也是卖期权重要的收益来源。有些期权策略，通过对方向和波动率进行一定的对冲来控制风险，专门获取时间价值。

1.2.1　内在价值与时间价值

对于认购期权来说，实值期权是行权价低于标的现价的期权，虚值期权是行权价高于标的现价的期权；对于认沽期权来说，实值期权是行权价高于标的现价的期权，虚值期权是行权价低于标的现价的期权。

内在价值又叫内涵价值，是期权行权价相对于标的现价的差。对于虚值期权来说没有内在价值，只有实值期权才有内在价值。

时间价值是实值期权的价格与内在价值的差，以及虚值期权的全部价值。与时间价值相关的参数是 Theta，其一般是一个负数。

时间价值会随着时间的推移逐渐减少（图 1-5），它就像太阳下的冰，越接近到期日，衰减就越快。对于期权的卖方来说，可以从 Theta 值来看持仓时间价值的情况（图 1-6）。如果持有期权组合，则更要根据 Theta 值来估算当前持仓的期权组合每日大概能获取的时间价值。

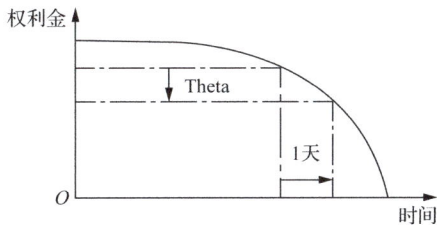

图 1-5　时间价值随着时间的推移衰减越来越快

图 1-6　期权持仓中的 Theta 值

如图 1-7 所示，实值期权的内在价值是正数，虚值期权没有内在价值。

图 1-7　50ETF 期权 T 型报价

实值认购期权的内在价值＝标的现价－行权价

[图 1-7 中 50ETF 购 1 月 2200 的内在价值＝2.286－2.2000＝0.086（元/份）]

实值认购期权的时间价值＝期权现价－期权内在价值

[图 1-7 中 50ETF 购 1 月 2200 的时间价值＝0.1119－0.086＝0.0259（元/份）]

虚值认购期权没有内在价值，虚值认购期权现价＝时间价值

实值认沽期权的内在价值＝行权价－标的现价

[图 1-7 中 50ETF 沽 1 月 2400 的内在价值＝2.4000－2.286＝0.114（元/份）]

虚值认沽期权没有内在价值，虚值认沽期权现价＝时间价值

小贴士：

由于深度实值认沽期权的现价经常小于其内在价值，从而导致出现时间价值为负的现象。另外，在期权临近行权日，或者在行权日当天，多数认购期权的买方不想将期权行权，因为要面对两天的价格波动风险（周三行权，周五才能卖出标的），这也会导致认购期权的价格低于内在价值，从而出现时间价值为负的现象，如图 1-8 中行权价分别为 2.1560 元、2.2050 元、2.2540 元的认购期权。

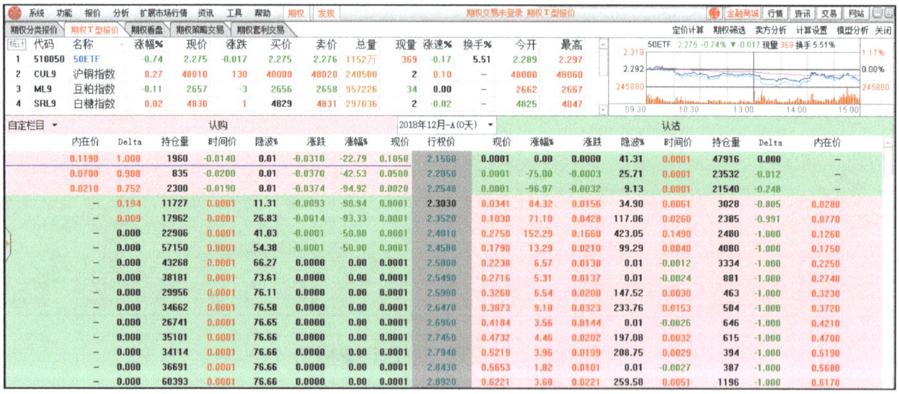

代码	名称	涨幅%	现价	涨跌	买价	卖价	总量	现量	涨速%	换手%	今开	最高
1 510050	50ETF	-0.74	2.275	-0.017	2.275	2.276	1152万	369	-0.17	5.51	2.289	2.297
2 CUL9	沪铜指数	0.27	48010	130	48000	48020	240500	2	0.10	–	48000	48060
3 ML9	豆粕指数	-0.11	2657	-3	2656	2658	957226	34	0.00	–	2662	2667
4 SRL9	白糖指数	0.02	4830	1	4829	4831	297036	2	-0.02	–	4825	4847

2018年12月-A(0天)

认购 内在价	Delta	持仓量	时间价	隐波%	涨跌	涨幅%	现价	行权价	认沽 现价	涨幅%	涨跌	隐波%	时间价	持仓量	Delta	内在价
0.1190	1.000	1960	-0.0140	0.01	-0.0310	-22.79	0.1050	2.1560	0.0001	0.00	0.0000	41.31	0.0001	47916	0.000	–
0.0700	0.988	835	-0.0200	0.01	-0.0370	-42.53	0.0500	2.2050	0.0001	-75.00	-0.0003	25.71	0.0001	23532	-0.012	–
0.0210	0.752	2300	-0.0190	0.01	-0.0374	-94.92	0.0020	2.2540	0.0001	-96.97	-0.0032	9.13	0.0001	21540	-0.248	–
–	0.194	11727	0.0001	11.31	-0.0093	-98.94	0.0001	2.3030	0.0341	84.32	0.0156	34.90	0.0061	3028	-0.805	0.0280
–	0.009	17962	0.0001	26.83	-0.0014	-93.33	0.0001	2.3520	0.1030	71.10	0.0428	117.06	0.0260	2385	-0.991	0.0770
–	0.000	22906	0.0001	41.03	-0.0001	-50.00	0.0001	2.4010	0.2750	152.29	0.1660	423.05	0.1490	2480	-1.000	0.1260
–	0.000	57150	0.0001	54.38	-0.0001	-50.00	0.0001	2.4500	0.1790	13.29	0.0210	99.29	0.0040	4080	-1.000	0.1750
–	0.000	43268	0.0001	66.27	0.0000	0.00	0.0001	2.5000	0.2238	6.57	0.0138	0.01	-0.0012	3334	-1.000	0.2250
–	0.000	38181	0.0001	73.61	0.0000	0.00	0.0001	2.5490	0.2716	5.31	0.0137	0.01	-0.0024	881	-1.000	0.2740
–	0.000	29956	0.0001	76.11	0.0000	0.00	0.0001	2.5980	0.3260	6.54	0.0200	147.52	0.0030	463	-1.000	0.3230
–	0.000	34662	0.0001	76.58	0.0000	0.00	0.0001	2.6470	0.3873	9.10	0.0323	233.76	0.0153	504	-1.000	0.3720
–	0.000	26741	0.0001	76.65	0.0000	0.00	0.0001	2.6960	0.4184	3.56	0.0144	0.01	-0.0026	646	-1.000	0.4210
–	0.000	35101	0.0001	76.66	0.0000	0.00	0.0001	2.7450	0.4732	4.46	0.0202	197.08	0.0032	615	-1.000	0.4700
–	0.000	34114	0.0001	76.66	0.0000	0.00	0.0001	2.7940	0.5219	3.96	0.0199	208.75	0.0029	394	-1.000	0.5190
–	0.000	36691	0.0001	76.66	0.0000	0.00	0.0001	2.8430	0.5653	1.82	0.0101	0.01	-0.0027	387	-1.000	0.5680
–	0.000	60393	0.0001	76.66	0.0000	0.00	0.0001	2.8920	0.6221	3.68	0.0221	259.58	0.0051	1196	-1.000	0.6170

图 1-8　2018 年 12 月期权合约到期日 T 型报价

1.2.2　时间价值是卖期权获利的重要来源

期权交易主要交易三个维度，即方向、时间和波动率。一般来说，对交易方向的判断是最难的，尤其是对短期标的涨跌方向的判断。对波动率的判断相对容易一些，但也经常受投资者情绪和重大事件的影响；波动率的上升一般比较连续、缓慢，而其在暴涨之后的回归则是非常迅速的。由于时间的流逝是 100%确定的事情，因此很多卖期权的策略都是通过赚取时间价值来获利的。

如图 1-9 所示，2018 年 10 月 24 日，50ETF 的价格是 2.525 元，11 月期权合约成为主力月份合约，可以看到每份期权合约都带有 0.0059～0.0814元不等的时间价值，这是对未来一个月市场行情的预期，是期权享受非线性杠杆的必然支出，也是期权相对于股票、期货等品种所具有的独特属性。

图 1-9　2018 年 10 月 24 日收盘时 11 月份合约 T 型报价

如图 1-10 所示，2018 年 11 月 28 日，50ETF 的价格是 2.466 元，相比10 月 24 日的价格，跌幅约为 2%。此时，几乎所有的 11 月期权合约的时间价值都为零，实值认购期权和认沽期权的时间价值甚至为负数，每个期权合约的价格都低于其在 10 月 24 日的价格。也就是说，若在 10 月 24 日卖出 11 月期权，那么不管是实值期权、平值期权还是虚值期权，也不管是认购期权还是认沽期权，通通都能大获全胜。

图 1-10　2018 年 11 月 28 日时 11 月合约 T 型报价

1.3　卖期权是成熟的投资策略

1.3.1　对择时的要求不高

对买期权来说，对择时的要求很高。比如，如果进行了左侧买进的交易，则可能会忍受很久的浮亏，而当你受不了浮亏进行割肉后，或许又迎来大涨。对卖期权来说，对择时的要求相对不高。如果选择卖出虚值期权并做好对冲和策略组合，就只要选好行权价，将合约持有到期或者临近到期平仓即可。如果行权价距离标的价格较远，则即使中间有弱反弹也不用着急。比如，卖出的是 200 元/张的虚值期权，假如其某天上涨到 250 元/张，那么这对于买方来说就是上涨了 25%，但对于卖方来说只是浮亏 50 元/张而已。

1.3.2　不用对行情有严格的判断

卖期权不用对行情有严格的判断，因为卖方相比买方，容错性高，小幅方向看反甚至可能不亏钱。一般个人投资者喜欢做买方，因为做买方获利的倍数可能会很高，但由于买方付出了额外的时间价值成本，所以获利的概率比较低。做卖方天然自带"安全垫"，比如 50ETF 的价格在 2.35 元附近，认购 2400 合约的价格是 380 元/张，也就是说，如果该合约的买方持有到期，就需要 50ETF 的价格上涨到 2.438 元才能保本［2.438–2.4（行权价）＝0.038（元），0.038×10000＝380（元）］；反过来，对卖方来说，只要标的价格低于 2.438 元就能盈利，就算标的价格小幅上涨，也能盈利。判断标的价格上涨（或下跌）到某价位，比判断标的价格在某价位不涨（或不跌）困难得多。

1.3.3　保证金收益率较高

卖期权的保证金收益率较高，比如对于一张 120 元的深度虚值期权来说，卖期权的保证金约为 3000 元/张，且虚值期权的月收益率可达 4%以上。但要注意对仓位的控制，防止出现标的价格大幅变动导致风险度提高，而被强行减仓造成实际亏损的情况。

1.3.4　卖方高抛低吸比买方更有心理优势

期权价格每天都有波动，许多人都参考与标的相关的技术指标做高抛低吸，这可以使用买方也可以使用卖方来进行。笔者认为，如果预测在短期内没有很大的市场行情，即在没有出现平值日内翻倍行情和波动率快速上升行情时，用卖方做高抛低吸更有优势，原因如下。

一是卖方的心理预期低。一般卖方认为卖出一张期权就是收到这张期权的权利金，而且习惯于卖出虚值期权。如图 1-11 所示，卖出 50ETF 购 7 月 2900 期权，将其持有到期归零后的单张最高收益是 300 元左右。如果在早盘高位时开仓，在第一波期权价位跳水时平仓，就可以先赚取单张 70 元的收益；在反弹到高位后再次卖出开仓，当单张下跌到 100 元后买入平仓，这样只用半天的时间，两笔操作就获取了该合约 50%以上的权利金。如果之后再做几次交易，那么该合约的权利金就能够尽数收入囊中，而该合约距离到期时间还比较长，仍能够增加利润。

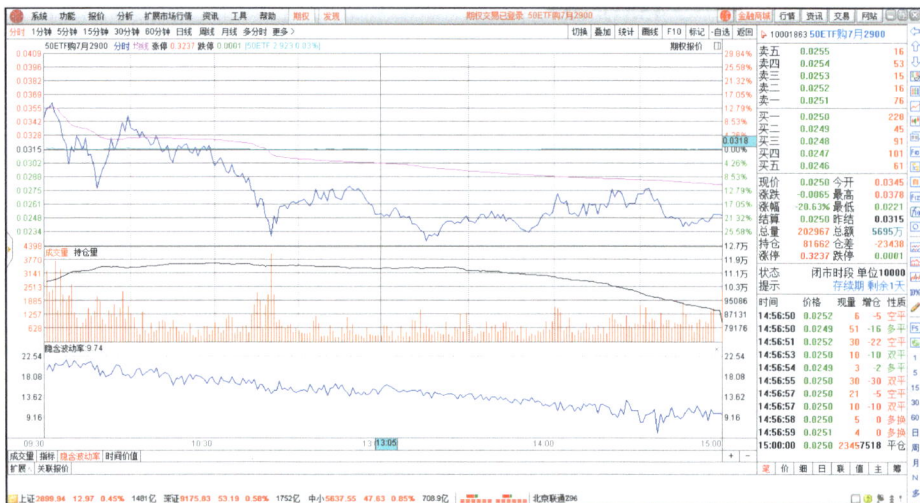

图 1-11　50ETF 购 7 月 2900 走势

二是多数虚值期权最后会归零，这对卖方有优势。对于一些虚值程度较高、距离到期日又比较近的虚值期权（图 1-12 中的 50ETF 购 7 月 3000 期权）来说，多数会在最后归零，就算某日内有几倍的涨幅，最后可能都要跌回来。但如果先低位平仓，再在高位勇敢地卖出这类期权，或许也能获取较高的收益。而且，时间有利于卖方这一边，虚值期权反弹反而会给卖方一个更好的开仓时机。

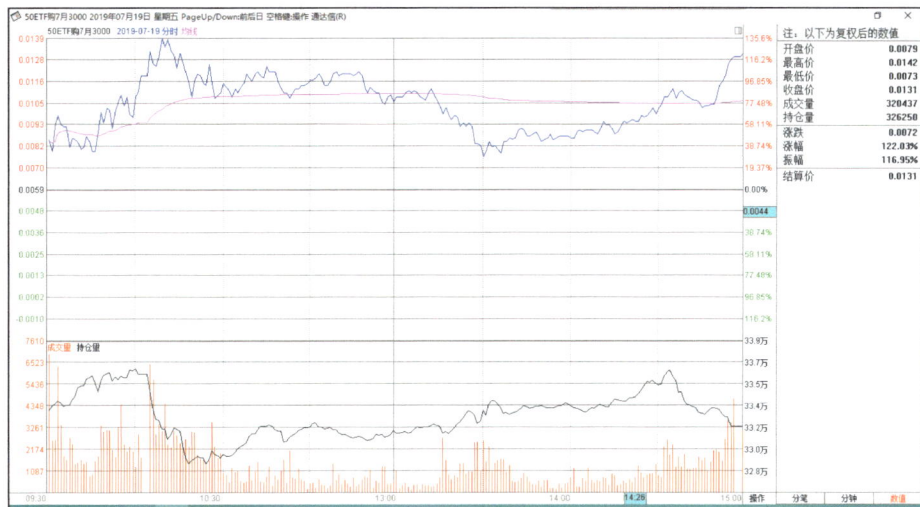

图 1-12　50ETF 购 7 月 3000 走势

三是卖方可以赚取上涨之后的一波行情。有人为赚取开盘后期权快速上涨产生的利润，往往会急匆匆地追高买入，或者使用集合竞价买入，但是期权价格波动快，这样很容易追在价格顶部。其实不用着急，应耐心等待期权价格到达顶部后的回落，有时候期权价格上涨得很快，来不及追买，但价格回落的过程会相对慢一点，完全有时间去卖出。如果按等张数来计算利润，则金额没有太大差别，但是这样做会更加安稳，尤其是虚值期权。如图 1-13 所示，认沽期权的早盘波动很大，追涨的时间非常短，但之后回落的时间持续较长，这时可以使用卖方去操作。

四是可以用卖方来表达方向。当时间价值快速衰减和波动率下降时，会发现做买方即使看对方向也不容易赚钱，甚至还会亏钱，而做卖方反而更容易赚钱。如图 1-14 所示，50ETF 小幅下跌，认沽期权涨幅很小，但该期权合约下跌的速度明显加快，这就是用卖方来表达观点。

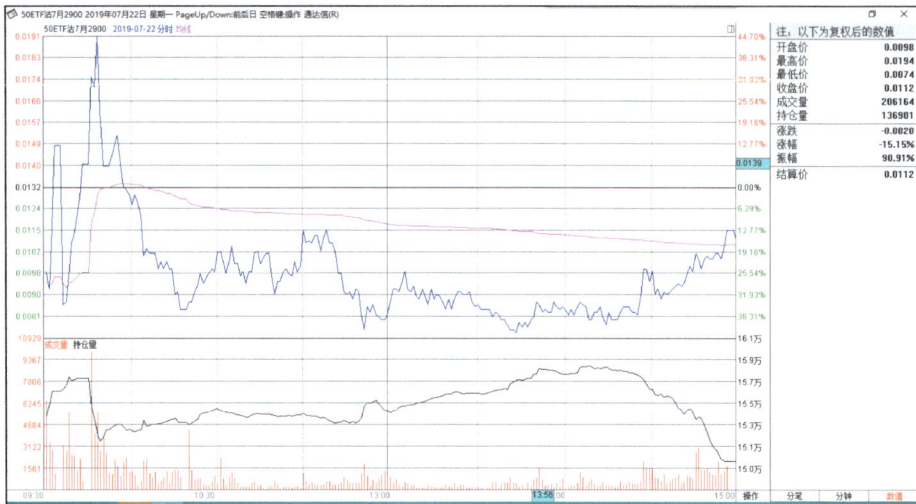

图 1-13　50ETF 沽 7 月 2900 走势

图 1-14　50ETF 购 7 月 2900 走势

但是如果标的涨跌幅度很大，期权涨跌幅度也很大，那么使用买方来做方向，将会投入更少、利润更大。

1.4 卖方保证金制度与买方限额制度

卖方保证金制度和买方限额制度，是对期权投资者的限制，也是对他们的保护。

1.4.1 卖方保证金制度

卖出期权需要缴纳保证金，50ETF 期权义务方所缴纳的保证金按上海证券交易所（以下简称上交所）的规则进行计算，开仓保证金最低标准计算公式如下：

认购期权义务仓开仓保证金＝[合约前结算价＋Max（12%×合约标的前收盘价－认购期权虚值，7%×合约标的前收盘价）]×合约单位

认沽期权义务仓开仓保证金＝Min[合约前结算价＋Max（12%×合约标的前收盘价－认沽期权虚值，7%×行权价格），行权价格] ×合约单位

维持保证金最低标准计算公式如下：

认购期权义务仓维持保证金＝[合约结算价＋Max（12%×合约标的的收盘价－认购期权虚值，7%×合约标的的收盘价）]×合约单位

认沽期权义务仓维持保证金＝Min[合约结算价＋Max（12%×合标的的收盘价－认沽期权虚值，7%×行权价格），行权价格]×合约单位

简单地说，月价格在 300 元/张以下的合约，其保证金在 3000 元左右；月价格为 500 元/张左右的合约，其保证金在 4000 元左右，即价格越高的合约其保证金也越高，但实际上高不了太多。

1.4.2 买方限额制度

交易所在设置期权交易规则时，对期权的买入额度有比较严格的限制，既限制买入的张数，又限制买入的金额。当前 50ETF 期权持仓限额规则如表 1-1 所示。

表 1-1 50ETF 期权持仓限额规则

交易量（张）	权利仓持仓限额（张）	总持仓限额（张）	单日买入开仓限额（张）	托管资产（不含期权市值和两融融入的资产）
0～100	20	50	100	—
100 以上	1000	2000	10000	—
500 以上	2000	4000	20000	100 万元以上(必要条件)
1000 以上	5000	10000（上限）	50000	500 万元以上（必要条件）
T 日达到条件，T+1 自动调整				

1.4.3 卖方保证金制度和买方限额制度

50ETF 期权的卖方保证金制度针对不同的卖出期权合约有不同的规定。以 2019 年 1 月 3 日卖出 50ETF 沽 1 月期权为例，如表 1-2 所示，当天 50ETF 的收盘价为 2.261 元。

表 1-2 不同行权价的保证金对比表

行权价（元）	权利金（元/张）	保证金（元）	净支出（保证金—权利金）（元）	保证金/权利金（元）
2050	20	1458	1438	72.90
2100	49	1531	1482	31.24
2150	108	1788	1680	16.56
2200	234	2422	2188	10.35
2250	422	3122	2700	7.40

续表

行权价（元）	权利金（元/张）	保证金（元）	净支出（保证金－权利金）（元）	保证金/权利金（元）
2300	693	3448	2755	4.98
2350	1034	3806	2772	3.68
2400	1437	4221	2784	2.94
2450	1895	4662	2767	2.46
2500	2359	5156	2797	2.19
2550	2835	5656	2821	2.00
2600	3351	6156	2805	1.84
2650	3846	6656	2810	1.73
2700	4344	7156	2812	1.65

从表 1-2 中可以看出，从虚值期权到实值期权，权利金逐渐递增，保证金也逐渐递增，但二者不呈线性关系。从"保证金/权利金"一列可以看出，虚值期权的"保证金/权利金"的值最大。随着期权变成平值期权、实值期权，这个比值逐渐减小，但是相对金额是增加的。

从净支出来看，虚值期权到平值期权阶段，净支出增加较多，而每张实值期权的净支出是基本相等的。也就是说，如果卖出了一张虚值期权，那么在它上涨到平值期权的阶段，追加保证金的风险比较大，这时需要及时进行止损。因为若不止损，亏损就会越来越多，亏损的速度也会越来越快。

但实值期权和深度实值期权的净支出基本相等，因为这些实值期权的Delta 值接近 1，即标的价格涨跌 0.01 元，期权也涨跌 0.01 元。还可以看出，在波动率下降过程中，日内卖深度实值资金利用率最佳；在波动率处于高位或中位时，月中双卖平值资金获利比也会不错。

卖期权的保证金制度的非线性特征，对卖方来说其实是一种保护，因为当期权从虚值变动到平值附近时，能够让卖方在面临较大的追加保证金压力下，时刻保持警醒。期权买方的限仓制度，能让买方被动做好资金管理，不会一下子开很大的仓位，就算某次操作赚了很大利润，限仓制度也不会让买方把全部的利润用来买入期权，最多只能用账户资金的 30%，从而能保住大部分的利润。

1.4.4 不同期权品种的保证金

当前 50ETF 期权的保证金制度维持在中等偏严、风控较强的水平，在 50ETF 这样一个不太容易暴涨、暴跌的品种上，虚值期权的"保证金/权利金"的值较高，平值期权的保证金大概是权利金的 10 倍左右。由于 50ETF 没有组合保证金制度，所以不同程度的实值期权保证金实际占用的金额也基本一致。当进行卖出跨式、宽跨式或者构建垂直价差交易时，就没有保证金的减免，因此资金占用程度较高、利用效率较低。

商品期权的卖方的保证金相对较低，收取标准为下列两项中的较大值。

（1）权利金＋期货交易保证金－期权虚值额的一半。

（2）权利金＋期货交易保证金的一半。

其中：

看涨期权虚值额＝Max（行权价格－期货合约结算价，0）×期货合约交易单位

看跌期权虚值额＝（期货合约结算价－行权价格，0）×期货合约交易单位

豆粕、铜、玉米、白糖等商品期权有组合保证金制度，当进行卖出跨式或宽跨式交易时，交易保证金收取标准为卖出看涨期权与卖出看跌期权

保证金较大者加上另一卖出期权头寸所得到的权利金。备兑开仓组合的交易保证金的收取标准为权利金与标的交易保证金之和，这样可以极大地提高资金利用率。

大商所支持的各组合策略的说明及优先级和保证金收取标准分别如表 1-3 和表 1-4 所示。

表 1-3　组合策略的说明及优先级

组合策略		组合说明	优先级
原有策略	期货对锁	在同一期货品种的同一月份合约上建立数量相等、方向相反的头寸	1
	期货跨期	在同一期货品种的不同月份合约上建立数量相等、方向相反的头寸	2
	期货跨品种	在不同期货品种合约上建立数量相等、方向相反的头寸	3
新增策略	卖出期权期货组合	卖出看涨期权，同时买入对应期货合约。 卖出看跌期权，同时卖出对应期货合约	4
	期权跨式	卖出同一系列的相同执行价格的看涨期权和看跌期权	5
	期权宽跨式	卖出同一系列低执行价格的看跌期权和高执行价格的看涨期权	6

表 1-4　组合策略保证金收取标准

组合策略		组合保证金计算公式
原有策略	期货对锁	高腿保证金
	期货跨期	
	期货跨品种	
新增策略	卖出期权期货组合	期货保证金＋期权权利金结算价
	期权跨式	Max（看涨期权保证金，看跌期权保证金）＋另一方权利金
	期权宽跨式	

在美股期权中，还有更加节省保证金的卖期权制度，即在持有垂直价差（牛市价差或熊市价差，即买入期权并卖出相同到期日的相对虚值期权）、对角价差（买入远期期权并卖出较近到期日的相对虚值期权）时，不收取卖期权方的保证金，因为若持有的是牛市价差（图 1-15），那么当标的价格上涨后，卖出认购期权部分会有损失，但买入的相对实值的认购期权上涨

的金额会大于等于卖出认购期权上涨的金额，只是把利润和亏损都锁定在一个较小的区间内。

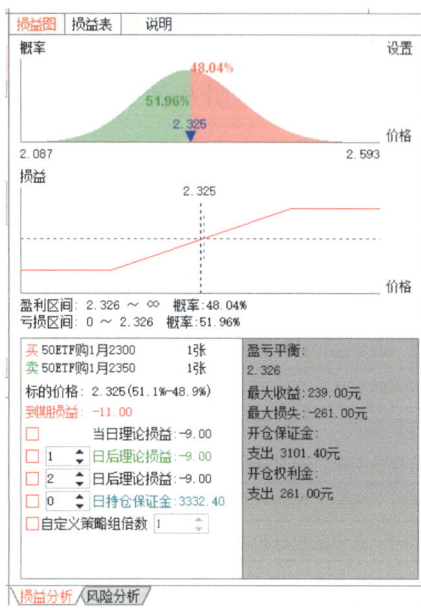

图 1-15　牛市价差损益图

1.5　标的为本，期权为末

进行期权投资需要精研标的，所有期权策略都以分析标的和波动率为基础。不管是看标的的上涨、不涨、下跌、不跌，还是看标的的横盘，其实在根本上都是对标的做分析，再结合波动率的高低、升降规律，以及时间的流逝，一起构成了各种期权策略应用的决策依据。

有位做期权投资的前辈曾经说过"期权的投资策略越简单越好"。很多人一直在研究投资期权的各种策略，但在真正实践时才发现两个方向以上的策略大部分都是失效的，因为没有考虑到构建成本和资金的流动性。因此，要做好策略研究，只有把标的物的行情弄清楚，再结合期权实战才能有机会获得收益。

当前已上市的期权的标的是 50ETF，将来可能还会推出沪深 300ETF 期权和深 100ETF 期权，这三只都是基于 A 股指数基金的 ETF，但是又有一些差别，下面针对这三只 ETF 基金做基本面分析。

1.5.1　基本面分析

一、50ETF基金

在已有期权品种中，上市的 50ETF（上证 50 交易性开放式指数证券投资基金，代码是 510050，如图 1-16 所示）是当前市面上最大的 ETF 基金，截至 2018 年 12 月 20 日，50ETF 基金的份额为 212 亿份，单价为 2.331 元，规模约为 500 亿元，成交均量为 700 万手左右。

图 1-16　50ETF2018 年 3—12 月走势

50ETF 的成分股超过 58% 是大金融，在 50ETF 期权中金融类股票的期权占很大一部分，前十大成份股和行业配置分别如图 1-17 和图 1-18 所示（2018 年 3 季度报）。

重仓持股　　510050[华夏上证50ETF]

还原　导出到excel　范围选择　时间排序

2018年三季报

序号	品种代码	品种简称	持仓数量(股)	持仓市值(元)	占股票市值比(%)	占基金净值比(%)	占流通股本比(%)	持仓变动(股)	管理人旗下共同持有基金家数
1	601318.SH	中国平安	94,999,260.00	6,507,449,310.00	15.78	15.75	0.88	13,191,023.00↑	45
2	600519.SH	贵州茅台	4,412,565.00	3,221,172,450.00	7.81	7.80	0.35	618,111.00↑	39
3	600036.SH	招商银行	87,157,433.00	2,674,861,618.77	6.49	6.48	0.42	9,925,516.00↑	26
4	601166.SH	兴业银行	109,392,579.00	1,744,811,635.05	4.23	4.22	0.57	15,259,600.00↑	35
5	600016.SH	民生银行	239,878,833.00	1,520,831,801.22	3.69	3.68	0.68	62,834,114.00↑	20
6	601328.SH	交通银行	240,895,263.00	1,406,828,335.92	3.41	3.41	0.61	33,402,992.00↑	15
7	600887.SH	伊利股份	53,385,320.00	1,370,935,017.60	3.33	3.32	0.88	7,487,190.00↑	7
8	601288.SH	农业银行	336,003,244.00	1,307,052,619.16	3.17	3.16	0.11	47,316,200.00↑	15
9	600276.SH	恒瑞医药	19,378,294.00	1,230,521,669.00	2.98	2.98	0.53	2,697,222.00↑	12
10	600030.SH	中信证券	69,105,524.00	1,153,371,195.56	2.80	2.79	0.70	9,665,845.00↑	2
		合计	1,254,608,315.00	22,137,835,652.28	53.70	53.59	-	-	-

图 1-17　50ETF 前十大成份股

行业配置　　510050[华夏上证50ETF]

还原　导出到excel　范围选择　时间排序

2018年三季报

行业名称	行业代码	持仓市值(元)	占基金净值比(%)	占比变动(%)	占股票市值比(%)	占比变动(%)
金融业	J	24,251,669,302.10	58.71	3.26↑	58.82	2.82↑
制造业	C	10,776,688,939.40	26.09	-2.39↓	26.14	-2.63↓
建筑业	E	2,011,998,045.64	4.87	0.15↑	4.88	0.11↑
采矿业	B	1,776,604,472.77	4.30	0.09↑	4.31	0.06↑
房地产业	K	1,224,686,599.42	2.96	-0.17↓	2.97	-0.19↓
交通运输、仓储和邮政业	G	637,093,735.78	1.54	-0.20↓	1.55	-0.21↓
信息传输、软件和信息技术服务业	I	548,210,670.13	1.33	0.05↑	1.33	0.04↑
合计		41,226,951,765.24	99.81	0.81↑	100.00	-

图 1-18　50ETF 行业配置

二、沪深300ETF

沪深 300ETF（华泰柏瑞沪深 300 交易性开放式指数证券投资基金，代码是 510300，如图 1-19 所示）是当前市面上较大的 ETF 基金之一，截至 2018 年 12 月 20 日，沪深 300ETF 基金的份额为 106 亿份，单价为 3.127 元，规模约为 330 亿元，成交均量为 350 万手左右。

沪深 300ETF（2018 年 3 季度报）的前十大重仓股（图 1-20）和 50ETF 的类似，前三名依然分别是中国平安、贵州茅台、招商银行，但是在深交所上市的格力电器、美的集团等也进入了沪深 300ETF 排名的前十，但这些重仓股的持股数量相对分散。在 50ETF 中持股数量占比超过 15%的中国平安在沪深 300ETF 中只占 7.14%，如此分散的持股情况避免了一股独大的现象。从沪深 300ETF 的行业配置（图 1-21）来看，占比最大的是制造业，接近 40%；其次是金融股，占比接近 35%。相比在 50ETF 中金融股独大的情况，沪深 300ETF 的行业配置相对比较均衡，需要投资者关注的个股也多了不少。

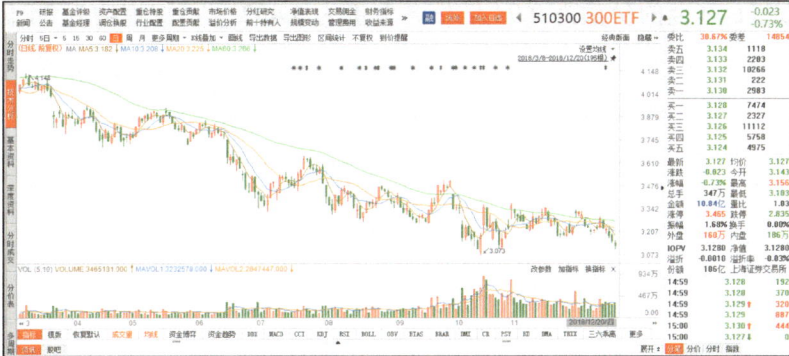

图 1-19　沪深 300ETF2018 年 3—12 月走势

重仓持股　　510300[华泰柏瑞沪深300ETF]

还原　导出到excel　范围选择　时间排序

2018年三季报

序号	品种代码	品种简称	持仓数量(股)	持仓市值(元)	占股票市值比(%)	占基金净值比(%)	占流通股本比(%)	持仓变动(股)	管理人旗下共同持有基金家数
1	601318.SH	中国平安	28,745,274.00	1,969,051,269.00	7.14	7.10	0.27	6,085,100.00↑	14
2	600519.SH	贵州茅台	1,408,795.00	1,028,420,350.00	3.73	3.71	0.11	352,800.00↑	4
3	600036.SH	招商银行	27,319,996.00	838,450,677.24	3.04	3.02	0.13	5,727,400.00↑	4
4	601166.SH	兴业银行	33,056,046.00	527,243,933.70	1.91	1.90	0.17	6,975,700.00↑	11
5	000651.SZ	格力电器	12,805,461.00	514,779,532.20	1.87	1.86	0.21	2,787,000.00↑	12
6	600016.SH	民生银行	75,151,893.00	476,463,001.62	1.73	1.72	0.21	25,716,482.00↑	17
7	000333.SZ	美的集团	11,065,116.00	445,924,174.80	1.62	1.61	0.17	1,404,188.00↑	4
8	601328.SH	交通银行	72,807,462.00	425,195,578.08	1.54	1.53	0.19	15,322,300.00↑	1
9	600887.SH	伊利股份	16,006,013.00	411,034,413.84	1.49	1.48	0.27	3,293,900.00↑	1
10	601288.SH	农业银行	101,446,879.00	394,628,359.31	1.43	1.42	0.03	21,475,600.00↑	16
		合计	379,812,935.00	7,031,191,289.79	25.48	25.34	-	-	-

图 1-20　沪深 300ETF 前十大重仓股

行业配置　　510300[华泰柏瑞沪深300ETF]

还原　导出到excel　范围选择　时间排序

2018年三季报

行业名称	行业代码	持仓市值(元)	占基金净值比(%)	占比变动(%)	占股票市值比(%)	占比变动(%)
制造业	C	10,883,568,767.73	39.22	-3.00↓	39.44	-2.96↓
金融业	J	9,581,175,190.59	34.53	3.12↑	34.72	3.18↑
房地产业	K	1,260,364,285.72	4.54	-0.01↓	4.57	0.00
信息传输、软件和信息技术服务业	I	975,225,629.35	3.51	-0.17↓	3.53	-0.16↓
建筑业	E	967,227,087.60	3.49	0.07↑	3.51	0.07↑
采矿业	B	958,900,059.29	3.46	0.23↑	3.48	0.24↑
交通运输、仓储和邮政业	G	833,902,212.45	3.01	-0.11↓	3.02	-0.11↓
电力、热力、燃气及水生产和供应业	D	780,844,720.07	2.81	0.15↑	2.83	0.16↑
批发和零售业	F	507,808,123.70	1.83	-0.10↓	1.84	-0.10↓
租赁和商务服务业	L	401,527,157.50	1.45	-0.03↓	1.46	-0.03↓
文化、体育和娱乐业	R	168,569,813.65	0.61	-0.10↓	0.61	-0.10↓
卫生和社会工作	Q	141,765,689.51	0.51	-0.08↓	0.51	-0.08↓
水利、环境和公共设施管理业	N	75,013,190.50	0.27	-0.09↓	0.27	-0.09↓
农、林、牧、渔业	A	58,071,692.14	0.21	-0.01↓	0.21	-0.01↓
合计		27,593,963,619.80	99.44	-0.15↓	100.00	-

图 1-21　沪深 300ETF 行业配置

三、深100ETF

深 100ETF（易方达深证 100 交易性开放式指数基金，代码是 159901，如图 1-22 所示）是在深交所上市的 ETF 基金，截至 2018 年 12 月 20 日，深 100ETF 基金的份额为 9.94 亿份，单价为 3.402 元，规模约为 34 亿元，成交均量为 50 万手左右，但自 2018 年年底开始市场成交量逐渐放大。

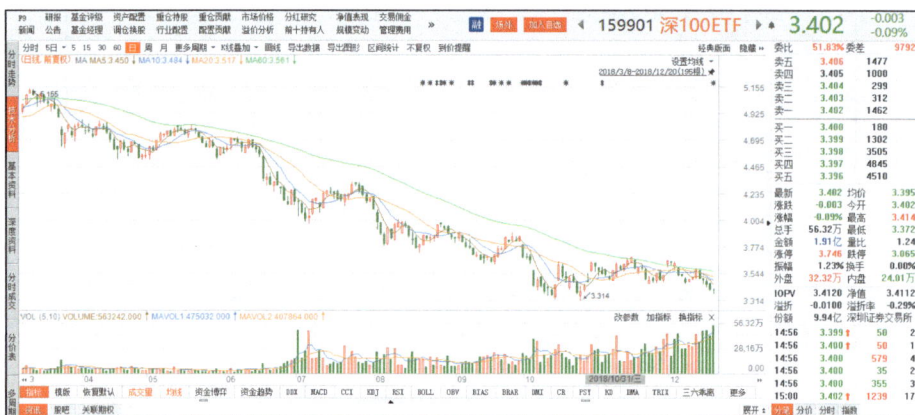

图 1-22　深 100ETF 2018 年 3—12 月走势

深 100ETF 的金融股占比与 50ETF、沪深 300ETF 的相比有较大不同，其主要配置是制造业股票（占比超过 60%），其中格力电器与美的集团合计占比超过 12%，其他股票的占比比较分散（图 1-23 和图 1-24）。制造业包括很多方面，读者关注相应的板块就好。

重仓持股　159901[易方达深证100ETF]

还原　导出到excel　范围选择　时间排序

2018年三季报　查看图形

序号	品种代码	品种简称	持仓数量(股)	持仓市值(元)	占股票市值比(%)	占基金净值比(%)	占流通股本比(%)	持仓变动(股)	管理人旗下共同持有基金家数
1	000651.SZ	格力电器	5,734,428.00	230,524,005.60	6.54	6.44	0.10	865,200.00	43
2	000333.SZ	美的集团	5,213,167.00	210,090,630.10	5.96	5.87	0.08	529,300.00	21
3	000858.SZ	五粮液	2,206,659.00	149,942,479.05	4.26	4.19	0.06	334,900.00	23
4	002415.SZ	海康威视	4,201,995.00	120,765,336.30	3.43	3.37	0.05	634,400.00	13
5	000002.SZ	万科A	4,854,903.00	117,974,142.90	3.35	3.30	0.05	736,800.00	11
6	000001.SZ	平安银行	10,066,635.00	111,236,316.75	3.16	3.11	0.06	1,523,900.00	11
7	300498.SZ	温氏股份	4,574,412.00	106,217,846.64	3.02	2.97	0.13	691,915.00	6
8	000725.SZ	京东方A	31,129,262.00	98,057,175.30	2.78	2.74	0.09	4,704,300.00	7
9	002304.SZ	洋河股份	671,638.00	85,969,664.00	2.44	2.40	0.05	99,880.00	10
10	002027.SZ	分众传媒	9,212,107.00	78,395,030.57	2.23	2.19	0.13	4,759,316.00	6
		合计	77,865,206.00	1,309,172,627.21	37.16	36.58	-	-	-

图 1-23　深 100ETF 前十大重仓股

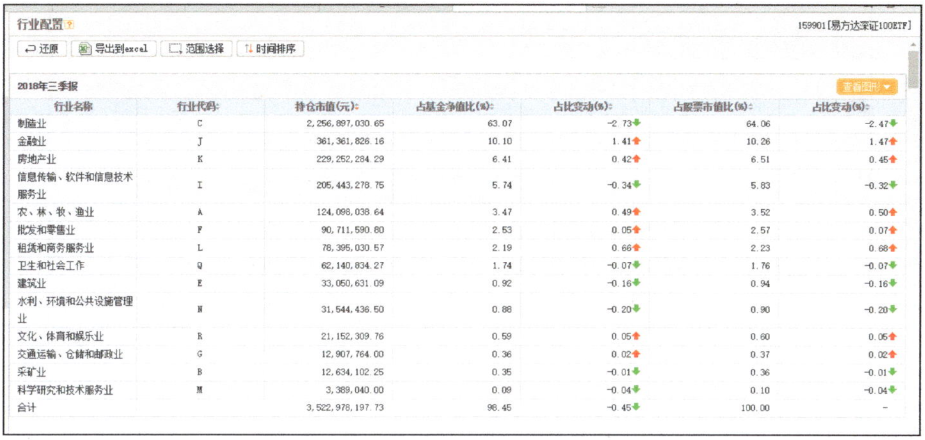

行业配置 159901[易方达深证100ETF]

还原 导出到excel 范围选择 时间排序

2018年三季报 查看图形

行业名称	行业代码	持仓市值(元)	占基金净值比(%)	占比变动(%)	占股票市值比(%)	占比变动(%)
制造业	C	2,256,897,030.65	63.07	-2.73	64.06	-2.47
金融业	J	361,361,826.16	10.10	1.41	10.26	1.47
房地产业	K	229,252,284.29	6.41	0.42	6.51	0.45
信息传输、软件和信息技术服务业	I	205,443,278.75	5.74	-0.34	5.83	-0.32
农、林、牧、渔业	A	124,098,038.64	3.47	0.49	3.52	0.50
批发和零售业	F	90,711,590.80	2.53	0.05	2.57	0.07
租赁和商务服务业	L	78,395,030.57	2.19	0.66	2.23	0.68
卫生和社会工作	Q	62,140,834.27	1.74	-0.07	1.76	-0.07
建筑业	E	33,050,631.09	0.92	-0.16	0.94	-0.16
水利、环境和公共设施管理业	N	31,544,436.50	0.88	-0.20	0.90	-0.20
文化、体育和娱乐业	R	21,152,309.76	0.59	0.05	0.60	0.05
交通运输、仓储和邮政业	G	12,907,764.00	0.36	0.02	0.37	0.02
采矿业	B	12,634,102.25	0.35	-0.01	0.36	-0.01
科学研究和技术服务业	M	3,389,040.00	0.09	-0.04	0.10	-0.04
合计		3,522,978,197.73	98.45	-0.45	100.00	-

图 1-24　深 100ETF 行业配置

1.5.2　技术面分析

新上市的期权品种一定要具备独特性，即如果该期权品种可对冲、可套利，且与之前上市的期权品种既具有相关性又具有差异性，那么它就更具有可操作性。

对比深 100ETF 和 50ETF，从图 1-25 中可以看出，在 2017 年之前，深 100ETF 和 50ETF 的走势方向基本相同，但在进入 2017 年下半年后就有些不同了。最左边的箭头是 2017 年 8 月 50ETF 经历了短暂调整后又上行，随后缓慢下跌，而深 100ETF 几乎没有调整，其走势流畅。2018 年 2 月初，50ETF 第二次冲到前期高位才开始大幅下跌，而深 100ETF 直接破位下行。在进入 2017 年 7 月之后，50ETF 基本在 2.4～2.6 元横盘震荡，深 100ETF 走出了一波流畅走势，随后才横盘。所以，它们各有特点，相信投资者会根据自己的情况有所选择。

由于 50ETF 走势相对具有流畅性，所以我们可以通过均线来看一下目前 50ETF 所处的状态，笔者将均线指标设置为如图 1-26 所示。

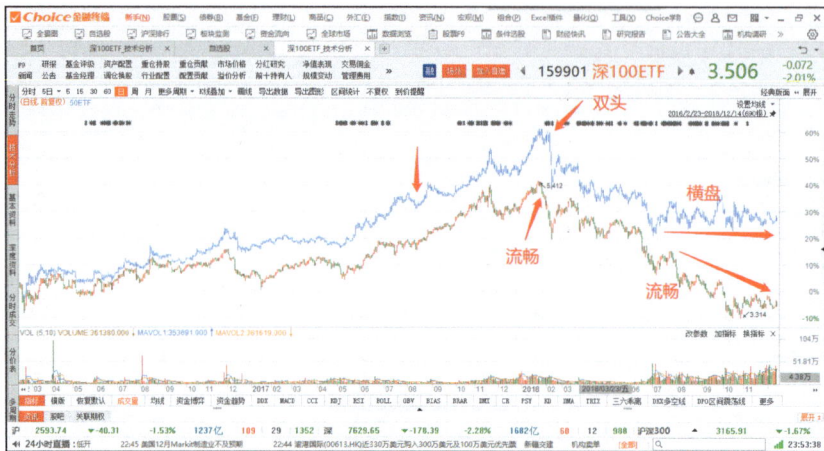

图 1-25　2016 年 3 月—2018 年 12 月深 100ETF 叠加 50ETF 走势

图 1-26　均线设置

从图 1-27 中可以看出，2017 年均线是一直向上的，自 2018 年以后均

图 1-27　2017 年 5 月—2019 年 7 月 50ETF 走势

线开始向下，下半年开始进入一个纠缠的状态，2019 年均线又开始向上攀升。如果我们沿着均线所走的方向来操作，尽管短期来看可能会有一定程度的回撤，但只要方向不变，运用恰当的策略跟随均线方向来做仓位，盈利的可能性还是非常大的。

1.5.3　日内技术分析

50ETF 日内分时走势如图 1-28 所示，一般会走出比较明显的趋势性行情，大部分行情都会沿着日内均线的方向运动，就笔者个人经验而言，同时结合分时 MACD 的金叉和背离，可以对均线运动方向的判断起到一定的辅助作用。

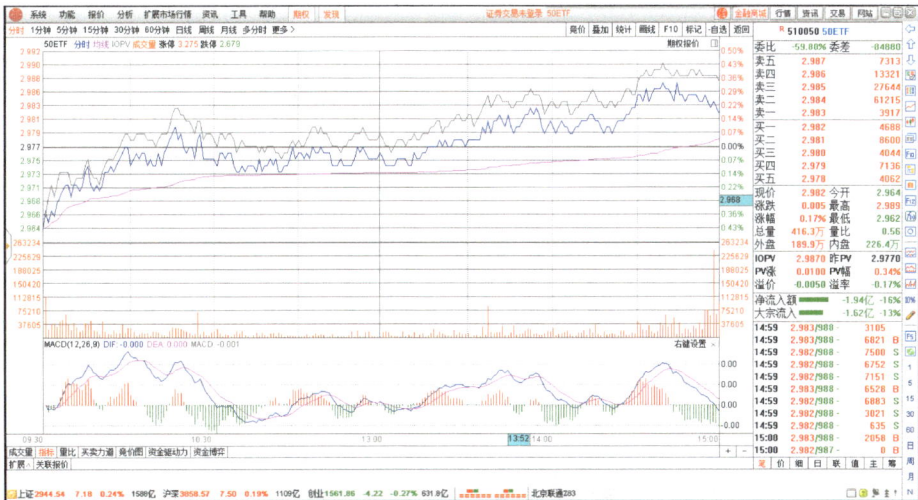

图 1-28　50ETF 日内分时图

图 1-29 所示为每天实时的沪深港通流入情况。图 1-30 所示为沪深港通前十大成交股，通过这些成交股的历史数据可以回顾历史。

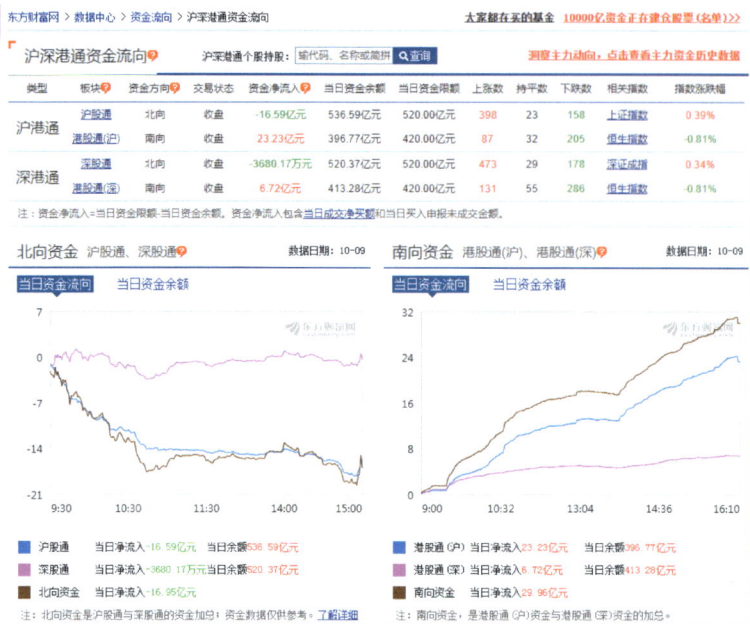

图 1-29　沪深港通日内流入情况

图 1-30　沪深港通十大成交股

1.5.4　其他影响因素

1. 美股

前一夜美股的涨跌会影响第二天 A 股的开盘，比如在 2018 年股市行情不好的时候，即使美股大涨，A 股也是高开低走；但在进入 2019 年以来，往往是即使美股大跌，A 股也仍然可以低开高走。

2. 新加坡富时A50

新加坡富时 A50 的特点是有夜盘，这在一定程度上会影响到上证 50 的开盘走势，同时其夜盘行情的走势也代表境外投资者对次日 A 股市场的一个判断。

3. 港股

港股和 A 股的相关性更强，由于港股的收盘时间是下午四点，比 A 股市场收盘时间晚一个小时，因此投资者可以在 A 股收盘后通过港股市场行情来推测港股投资者对下一日 A 股走势的看法。

4. 人民币汇率

外资投资者往往使用港币或者美元买入 A 股，如果人民币升值并且 A 股上涨，那么对于这些投资者来说就有双份的收益；但是如果人民币下跌且 A 股下跌，那么对于他们来说就是双份的亏损，所以一旦人民币汇率出现比较大的变化，就会影响这些投资者对市场的判断，以及对盈亏比的权衡，自然也会影响到一部分资金往 A 股的进入。

1.6　卖期权并不是"无限风险"的

投资者一般会认为做期权买方风险有限、收益无限，做期权卖方则风险无限、收益有限。但实际上，这种说法不够完整，完整的说法应该是做期权买方风险有限、收益无限，但是盈利概率较低；做期权卖方风险无限、收益有限，但是盈利概率较高。

在实际操作中，期权卖方也并不具有"无限风险"，这可以从以下三个方面去理解。

一、标的价格不是无限涨跌的

从股票和指数的角度来说，指数期权和 ETF 类期权在一定时间内，其涨跌的幅度是有限的。如图 1-31 所示，50ETF 的走势在 2018 年有一定的波动，但是这个波动在 3 个月内并不是无限的。比如，2018 年 2 月初 50ETF 单价从 3.2 元快速下跌到了 2.7 元左右，下跌 0.5 元左右，这是比较大的跌幅了，但标的并不会快速归零。50ETF 价格的上涨也是有一定范围的，其不会快速涨得很离谱，因为基于股票的标的，在其价格上涨的过程中有人追涨也有人止盈，所以在缺乏做空机制的 A 股中，当标的价格下跌时就会有人抄底，因此下跌的速度就不会很快，下跌过程也不会太流畅。

图 1-31　2018 年 50ETF 走势

当然，对于一些个股，尤其是有重大利好或利空的个股，在 A 股中会出现连续涨停或跌停的现象，但是目前在 A 股中没有个股期权。如果将来发展了个股场内期权，也要选择一些盘子大、流动性好的，因为这些个股期权的走势一般比较稳健，不会经常出现连续涨停或跌停的现象。即使今后出现了个股期权，在有利空消息时，投资者也可以不止损股票，而采用买入认沽期权的方式进行对冲，这在一定程度上也能减少损失；在遇到重大利好消息时，投资者可以通过买入认购期权的方式来替代买入正股，从而不会有那么大的买单堆在正股上，因为衍生品会对正股的连续涨跌有一定的影响。

对于美股、港股的个股期权来说，在遇到重大利好、利空等消息时，股票一天的涨跌幅度可能会超过 10%，而事后期权的价格也会出现较大的波动，比如期权经常在到期日（末日）出现涨幅为几十倍甚至 100 倍的情况，这也会使得期权价格从 1 美元/张上涨到每张几十美元甚至上百美元。

对于商品期权来说，因为标的存在做多、做空机制，且受到强烈的资金推动，所以容易出现连续大幅涨跌的情况。比如，2018 年 11 月份美国天然气大涨（图 1-32），就使得裸卖虚值认购期权的基金爆仓。

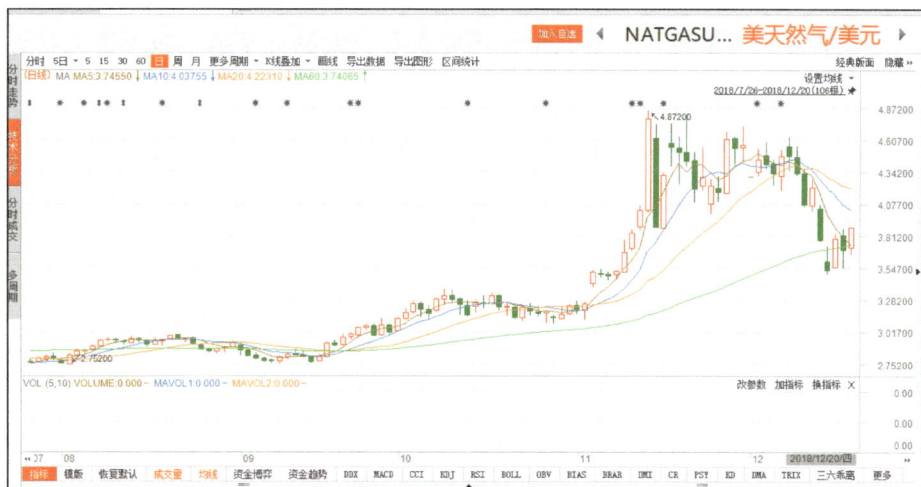

图 1-32　2018 年 7—12 月美国天然气走势

总的来说，如果做卖期权，那么选择合适的标的进行操作就很重要。指数期权和 ETF 类的期权适合做卖方，另外不建议裸卖个股期权、美股期权和商品期权，同时需要做好期权策略和价差组合，或者用现货做对冲。

二、投资者的风险管理

做卖期权的投资者只有具有较雄厚的资金和较专业的知识，并且具有较好的风险管理能力，才能在卖期权的路上走得更远。因为从理论上来说，做卖方的风险无限，如果保证金不足、持仓量大且资金流动性不足，就会加剧风险。卖方一般会采取如下的方式来进行风险管理。

（1）仓位管理。对于小资金来说，有时候卖方仓位重并不是坏事，因为在风险度过高时券商会给投资者打电话或者动手强行平仓。根据笔者的个人经验，在券商强行平仓时往往是行情拐点的开始，被强行平仓后会避免遭受更大的损失。有位投资者在 2018 年 6 月卖出认沽期权后就出去旅游了，大跌后回来一看亏损 200 多万元，因为账户保证金足够，券商就不会打电话通知他，也不会给他强行平仓。

对于大资金来说，卖方仓位既不要太重、太贴近平值，也不要太接近到期日，因为如果卖出期权遇到行情反向大幅快速波动，就往往来不及去平仓止损，一止损就会带来期权价格的非理性飙升，最后受伤的还是自己。但如果能熬过波动率急升的阶段，最后还是能收到权利金的，就怕资金不够熬不过去，强行平仓后就变成了实际的亏损。

（2）动态对冲。一般来说，不要裸卖一个方向，或者说不要在没有足够浮盈的时候裸卖一个方向，再或者说不要在行情纠结、方向不明朗的时候裸卖一个方向，而应该买入跨式期权和宽跨式期权，或者留足资金使用买方做对冲，如此还可以顶一顶。大资金要经常做好动态对冲，调整 Theta 值，让风险暴露在可控的范围之内。

（3）品种选择。目前，国内交易的 50ETF 期权一般没有极端的行情，即使有过少数几次，风险也都是可控的，并且有足够的时间去腾挪资金。

在商品期权和美股个股期权上，笔者是不敢做裸卖方的。由于商品期权和个股期权涨跌起来非常可怕，所以才会出现卖方爆仓的情况。当然，卖出了一个月上涨 100 倍的期权是没有问题的，因为卖方还有时间去调整，但最怕跳空的情况和快到行权日时一天出现 100 倍的期权，这样裸卖方会比较惨。

（4）提防"山火"。一般来说，某种赚钱姿势太久了，必然会有一场"山火"来对投资结构进行一次洗牌。例如，2017 年 5 月和 2018 年 2 月的 50ETF期权波动率飙升带来的行情和连续几年盈利无回撤的做空 VIX 交易。在50ETF 期权卖跨或单卖舒服一段时间后，就会有个反向波动，这时候就要看谁惊醒得早，所以即使"睡着了"也要"竖着耳朵"。

（5）懂得认输。所谓爆仓不外乎有两个原因：一是高于可以承受的资金杠杆（含借贷）和后续资金链跟不上；二是主动或被动的逆势，应该尊重市场，因为市场总是对的，不对的只有我们自己。该止损的止损，该对冲的对冲，因为无法预料到后面会发生什么事情，先保存本金，后面还有东山再起的机会，不能孤注一掷，否则最后只能被市场淘汰出局。

历史的经验教训太多了，吸取教训、控制好仓位才是市场上的常胜之道。

三、券商的风险率机制

大家知道期权买方具有收益无限、风险有限的特点，但是若购买的期权行权价距离当前价格比较远，投入的资金又比较大，就会面临归零的风险。当投资者买入的期权亏损过多甚至接近归零时，券商是不会给任何提示的。

但是做卖方期权不同，在建立卖期权的头寸后，券商的风控部门的系统中就会有记录。如图 1-33 所示，在右上角有个风险率，当前该账户的风险率是 85.22%。各券商的风险率提醒阈值设置不一样，一般当风险率超过80%时，券商就会在系统中对该期权进行关注。当风险率超过 90%时，券商就会给投资者打电话或者发短信进行提示，会提醒投资者风险率超标，要求追加保证金或减仓。当风险率超过 100%时，券商就会要求投资者立即平仓或减仓，而若投资者当天不采取行动，很多券商就会在当天下午对该账户进行减仓操作，直到该账户的风险率低于 90%。这就是当账户卖出的期权与当前标的的运行方式相同，承受了一定的浮亏之后，券商主动增加的一道防线。实际经验表明，这是非常有效的一种方法。当券商强平止损时，亏损一般不会超过账户总资金的 3%～5%。

▷ 平仓盈亏 0.00 浮动盈亏 3394.26 资产总值 516546.54 持仓保证金 472788.00 现金资产 543986.54 期权市值 -27440.00 可用资金 71198.54 风险率 85.22%

持仓合约 | 自选合约 | 套利策略 | 备兑股份 | 当日委

合约名称	类型	持仓	可平	买入成本价	买入成本	浮动盈亏	平仓盈亏	持仓保证金	备兑数量	报单时
50ETF购12月2500	义务	70	70	-0.0155	-10819.00	7109.00	0.00	185808.00	0	
50ETF购12月2550	义务	20	20	-0.0241	-4824.00	4404.00	0.00	41616.00	0	
50ETF沽12月2400	义务	70	70	-0.0217	-15191.26	-8118.74	0.00	245364.00	0	
合计3		160	160		-30834.26	3394.26	0.00	472788.00	0	

图 1-33　50ETF 期权持仓

第 2 章

②

期权策略介绍

2.1　卖方基础策略

2.1.1　卖出认购期权策略

1. 使用场景

卖出认购期权策略适合看不涨的行情，可以赚取期权的时间价值和波动率下降带来的利润。比如，卖出不大涨虚值期权，或者卖出大跌实值期权，如果行情配合就可以获得卖出期权合约的权利金，但是这需要的保证金比较多，适合具有较多资金的投资者操作。

图 2-1 所示为 2018 年 11 月—2019 年 1 月 50ETF 小幅下跌的行情。

2. 策略构建

卖出认购期权是最基本的期权策略，即卖出单一认购期权或阶梯式认购期权，可以根据对行情走势的判断选择卖出实值期权、平值期权或虚值期权，如图 2-2 所示。

图 2-1　2018 年 11 月—2019 年 1 月 50ETF 行情

合约代码	合约名称	类型	持仓	可平	买入成本价	买入成本	平仓盈亏
10001584	50ETF购3月2500	义务	60	60	-0.0310	-18584.00	-16336.00

图 2-2　卖出认购期权策略示例

3. 到期损益图和盈亏平衡点

在理论上，由于卖出认购期权的最大收益是有限的，所以图 2-3 所示卖出认购期权的权利金最多是 712 元/张，但最大亏损在理论上是无限的，到期盈亏平衡点为 2.521 元，即行权价 2.450 元加上收到的当前权利金 0.0712 元。

4. 风险收益特征

最大风险：在理论上，风险无限。随着标的价格的上涨，投资者将面临快速浮亏、内心备受煎熬的状况，如不采取措施会浮亏很大。

最大收益：收益有限，仅限于收到的权利金。

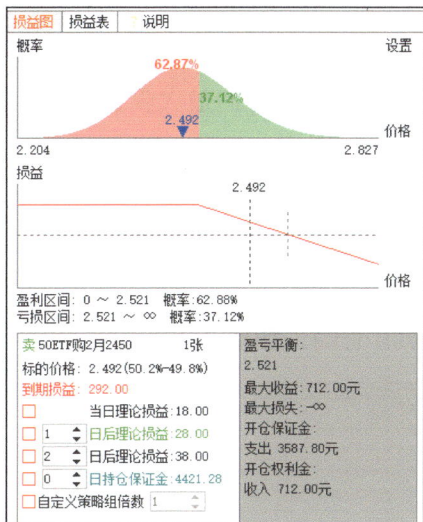

图 2-3　卖出认购期权到期损益图和盈亏平衡点

5. 策略优势

卖出认购期权策略的优势如下：

（1）该策略是贷方策略，卖出后即可收到权利金作为风险补偿，若卖出的期权为深度实值期权，则可以将收到的权利金再次作为期权卖出。

（2）期权的时间价值，即为了防止爆仓买方向卖方必须付出的成本，所以卖方可以在一定程度上赚取时间价值。

（3）从概率上来说，做期权卖方有概率优势，尤其是做虚值期权卖方。只要标的价格涨不到卖出期权的行权价，就都能收到这个权利金，而且对行情判断的精准性、择时要求也较低。如果保证金足够多，那么中间的过程就不那么重要了，只要最后的结果是盈利就行。

（4）卖出认购期权策略可以和其他策略结合组成组合策略，以获取更多的收益。

（5）卖出认购期权策略还可以赚取因波动率下降所带来的利润。

6. 策略劣势

（1）卖出单个认购期权所获得的最大收益有限，而且如果是遇到大幅下跌的行情，则没有买入认沽期权策略赚得多，降低了资金的使用效率。

（2）如果标的价格大幅上涨，卖出认购期权就会遭受重大损失，这个损失可能远远超出之前收到的权利金。例如，在 2019 年 2 月 25 日暴涨 192 倍的 50ETF 购 2 月 2800 合约，如图 2-4 所示。

图 2-4　50ETF 购 2 月 2800 合约走势

（3）卖出期权需要的保证金比较多。对于 50ETF 期权来说，一般卖出平值附近的期权的保证金为 3000～4000 元。

7. 调整和收尾

如果标的价格下跌速度较慢，随着时间的推移，卖出认购期权的价格也会逐渐下跌，那么就能获得利润；如果标的价格下跌速度较快，卖出认购期权在一周之内就获得了一半以上的权利金，而距离到期时间还比较长，那么就可以平仓获利了结；如果标的价格下跌趋势还在持续，则可以移仓，通过卖出价格接近于平值和实值的期权来获得收益。

如果标的价格窄幅波动，即涨一天、跌一天，则可以在策略中加上卖出认沽期权构成卖出跨式策略或宽跨式策略，这样两边的利润就都能赚到。

如果标的价格反弹，那么卖出认购期权就会亏损，此时可以止损平仓，也可以买入认购期权构成牛市价差策略，还可以同时卖出认沽期权构成卖跨策略，以避免单向损失。

8. 实战举例

2019 年 4 月至 5 月上旬，50ETF 走势冲高见顶、震荡后回落（图 2-5），有投资者在高位想买入认沽期权做空，但是当时牛市氛围正浓，所以市场究竟会不会调整、什么时候调整、调整的幅度是多少、调整速度是快还是慢等问题让投资者没有定论。当时波动率处在高位，时间价值也比较高，以至于对卖出认沽期权能否快速盈利需要打个问号。

图 2-5 2019 年 4—5 月上旬 50ETF 走势

不过，期权在单纯地做多、做空的基础上有了更多的玩法。根据 50ETF 期权规则，当其价格在 3 元以上时，行权间距为 0.1 元一档，也就是在 3000 合约之上就是 3100 合约，再往上就是 3200 合约，不存在 3050 合约和 3150

合约。当标的价格已经运行到 3 元左右时，再往上涨 0.1 元或 0.2 元的难度就比较大了，于是聪明的投资者就会选择卖出 3100 认购合约，它的走势如图 2-6 所示。

图 2-6   2019 年 50ETF 购 5 月 3100 合约走势

从图 2-6 中可以看出，在 50ETF 高位震荡的过程中，该合约并未有明显的涨幅，反而重心下移。在标的价格小幅下跌和大幅下跌时，该合约连续下跌 10 个交易日，从而稳稳地获取收益（2019 年 4 月 1 日至 5 月 8 日，按保证金算收益率为 20%～30%），并能随着标的价格的下行而向下移仓卖出认购 3100 合约。

我们再来看当时轻度实值的 3000 认沽合约，如图 2-7 所示。

从图 2-7 中我们可以看出，自 2019 年 4 月以来，在 50ETF 高位震荡过程中，开始阶段轻度实值的 3000 认沽合约是缓慢下行的，在标的价格跌破 5 日线下行后，该合约价格接近翻倍，但标的价格又有两个小反弹，即回吐利润。5 月 6 日该标的价格跳空低开，该合约跳空上涨，在 3 个交易日后终于超过了 4 月初合约价格的 20%，此时标的价格已比 4 月初低了 4%，该合约收益率并不高。

图 2-7　50ETF 沽 5 月 3000 合约走势

2.1.2　卖出认沽期权策略

1. 使用场景

卖出认沽期权策略适合看不跌的行情，也可以赚取期权的时间价值和波动率下降带来的利润。比如，卖出不大跌虚值期权，或者卖出大涨实值期权，如果行情配合，就可以获得卖出期权合约的权利金，但是需要的保证金比较多，适合具有较多资金的投资者操作。

图 2-8 所示为 2018 年 12 月—2019 年 1 月 50ETF 的走势。

2. 策略构建

卖出认沽期权策略也是最基本的期权策略，即卖出单一认沽期权或阶梯式认沽期权，也可以根据对行情走势的判断选择卖出实值期权、平值期权或虚值期权，如图 2-9 所示。

图 2-8　2018 年 12 月—2019 年 1 月 50ETF 走势

持仓合约	自选合约	套利策略	备兑股份					
合约代码	合约名称	类型	持仓	可平	买入成本价	买入成本	平仓盈亏	
10001573	50ETF沽1月2400	义务	94	94	-0.0261	-24516.20	11732.20	
10001660	50ETF沽2月2300	义务	100	100	-0.0262	-26210.00	9210.00	
10001661	50ETF沽2月2350	义务	100	100	-0.0350	-34980.00	5680.00	
10001662	50ETF沽2月2400	义务	20	20	-0.0559	-11177.00	1617.00	
10001570	50ETF沽1月2250	义务	1	1	-2.3509	-23509.30	23506.30	
10001571	50ETF沽1月2300	义务	1	1	-3.1656	-31656.30	31647.30	

图 2-9　卖出认沽期权策略示例

3. 到期损益图和盈亏平衡点

图 2-10 所示为卖出期权的权利金最多是 500 元/张，在理论上最大亏损是标的价格跌到零的损失，大约是 24 499 元/张，到期盈亏平衡点为 2.45 元，即行权价 2.500 元减去收到的当前权利金 0.05 元。

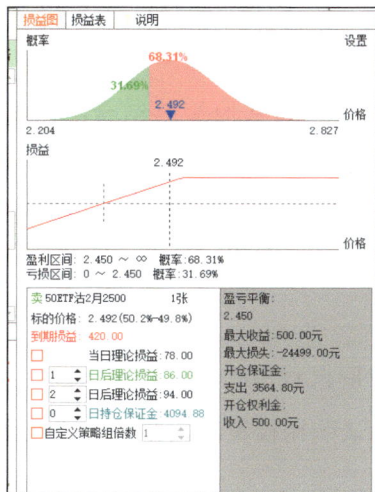

图 2-10　卖出认沽期权到期损益图和盈亏平衡点

4. 风险收益特征

最大风险：在理论上，它是标的价格跌到零的损失，但事实上不可能发生。一般随着标的价格的下跌，波动率会升高，投资者将面临快速浮亏的状况，如不采取措施会浮亏很大。

最大收益：收益有限，仅限于收到的权利金。

5. 策略优势

该策略的优势与卖出认购期权策略的优势有相同之处，具体如下：

（1）该策略是贷方策略，卖出后即可收到权利金作为风险补偿，若卖出的期权为深度实值期权，则可以将收到的权利金再次作为期权卖出。

（2）期权的时间价值，是为了防止爆仓买方向卖方必须付出的成本，所以卖方可以在一定程度上赚取时间价值。

（3）从概率上来说，做期权卖方有概率优势，尤其是做虚值期权卖方。只要标的不涨到卖出期权的行权价，就都能收到这个权利金，而且对行情判断的精准性、择时要求也较低。如果保证金足够多，那么中间的过程就不那么重要了，只要最后的结果是盈利就行。

（4）卖出认沽策略可以和其他策略结合组成组合策略，获取更多的收益。

（5）卖出认沽策略还可以赚取因波动率下降所带来的利润。

6. 策略劣势

（1）卖出单个认沽期权获得的最大收益有限，而且如果是遇到大幅上涨的行情，则没有买入认购期权策略赚得多，降低了资金的使用效率。

（2）如果标的价格大幅下跌，卖出认沽期权就会遭受重大损失，这个损失可能远远超出之前收到的权利金。例如，2018 年 50ETF 沽 2 月 2700 合约，如图 2-11 所示。

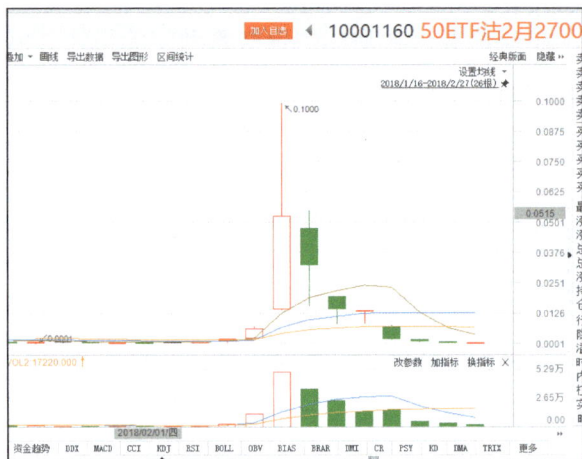

图 2-11　2018 年 50ETF 沽 2 月 2700 合约走势

（3）卖出认沽期权需要的保证金比较多。对于 50ETF 期权来说，一般卖出平值附近的期权保证金为 3000～4000 元。

7. 调整和收尾

如果标的价格上涨速度较慢，随着时间的推移，卖出认沽期权的价格也会逐渐下跌，那么就能获得利润；如果标的价格上涨速度较快，卖出认沽期权在短时间内就获得了一半以上的权利金，而距离到期时间还比较长，那么就可以平仓获利了结；如果标的价格上涨趋势还在持续，则可以移仓，通过卖出价格贴近平值和实值的期权来获得收益。

如果标的价格窄幅波动，即涨一天、跌一天，则可以在策略中加上卖出认购期权构成卖出跨式策略或宽跨式策略，这样两边的利润都能赚到。

如果标的价格下跌，那么卖出认沽期权就会承受亏损，此时可以止损平仓，也可以买入实值认沽期权构成熊市价差策略，还可以同时卖出认购期权构成卖跨策略，以避免单向损失。

8. 实战举例

2019 年 1 月，50ETF 价格见底反弹，如果在一开始并不知道反弹的高度，波动率也在同时下降，那么买入虚值认购期权未必能获取较大收益。但若能在底部区域卖出认沽期权，那么只要没有大跌就都可能会获得较大的利润，因为时间价值和波动率的下降对卖方来说是有利的，如图 2-12、图 2-13 和图 2-14 所示。

图 2-12　50ETF 沽 1 月 2450 合约走势

图 2-13 50ETF 沽 1 月 2400 合约走势

图 2-14 50ETF 沽 1 月 2350 合约走势

2.1.3 垂直价差策略

1. 使用场景

垂直价差策略包括牛市价差策略和熊市价差策略，适合看涨有限或下跌有限的行情，可以赚取期权的时间价值和波动率下降带来的利润。如果行情配合，标的价格上涨（或者下跌）到实值期权，就会有所盈利，而卖出的虚值期权则刚好归零。截至 2019 年 5 月，在 50ETF 期权和其他商品期权上没有组合保证金制度，但该策略需要的保证金比较多，比较适合具有较多资金的投资者。例如，2018 年 12 月—2019 年 1 月的慢速反弹行情，如图 2-15 所示。

图 2-15　2018 年 12 月—2019 年 1 月慢速反弹行情

2. 策略构建

垂直价差策略是比较基本的期权策略。对于牛市价差策略来说，买入低行权价认购期权，再卖出等量、相同到期时间的高行权价认购期权即可；对于熊市价差策略来说，买入高行权价的认沽期权，再卖出等量、相同到期时间的低行权价认沽期权即可，也可以根据对行情的判断选择买入实值期权、卖出平值期权或虚值期权。如图 2-16 所示，注意图中 50ETF 购 1 月 2300 合约的权利仓数量为 90 张，其中 50 张的作用是构建牛市价差策略组合，剩余的 40 张是单边看涨仓位。

持仓合约	自选合约	套利策略	备兑股份				
合约代码	合约名称	类型	持仓	可平	买入成本价	买入成本	浮动盈亏
10001562	50ETF购1月2300	权利	90	90	0.0543	48861.43	14678.57
10001563	50ETF购1月2350	义务	50	50	-0.0378	-18893.70	-906.30

图 2-16 垂直价差策略示例

3. 到期损益图和盈亏平衡点

图 2-17 所示为买入 50ETF 购 5 月 2800 合约，卖出 50ETF 购 5 月 2900 合约。在理论上，卖出期权的最大收益和最大亏损都是有限的，其中最大收益是标的上涨达到或超过卖出期权的行权价，最大收益金额为标的在该位置的价格与两合约的权利金之差再减去净权利金支出，即 773 元/组。在理论上，最大亏损是买入的期权合约和卖出的期权合约都归零，亏损为目前两者权利金之差，即 227 元/组。到期盈亏平衡点为 2.823 元，即较低行权价加净权利金，在买入期权的行权价和卖出期权的行权价之间。

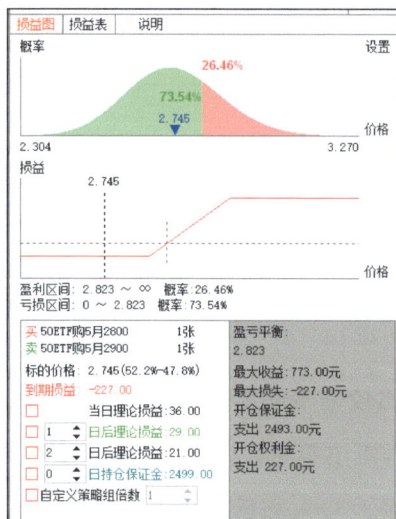

图 2-17 牛市价差策略到期损益图和盈亏平衡点

4. 风险收益特征

最大风险：对于牛市价差策略来说，最大的风险是标的价格下跌到买入期权的行权价之下，买入期权和卖出期权的权利金都归零，但亏损相对有限；熊市价差策略则与此相反。

最大收益：此策略收益有限，仅限于买入期权和卖出期权的权利金之差减去净权利金。

5. 策略优势

垂直价差策略的优势如下：

（1）垂直价差策略有权利金支出也有权利金收入，在卖出期权后即可收到权利金作为买方的风险补偿，最后将风险收益都锁定。

（2）期权有时间价值。在构建垂直价差策略后，若买入的是时间价值小的实值期权，卖出的是时间价值较大的平值期权或虚值期权，就算标的价格涨跌和买入期权的价格波动的幅度都很小，但由于时间价值的衰减带来卖出的平值期权、虚值期权价格下降，卖方也可以在一定程度上赚取时间价值，使整体持仓获利。

（3）垂直价差策略也可以赚取因波动率下降所带来的利润。

6. 策略劣势

垂直价差策略的劣势是在控制了最大亏损的前提下，也封顶了最大收益。如果标的价格朝着该组合正确的方向继续运动，那么就会封顶收益。另外，在未采取组合保证金制度的情况下，如果标的价格持续保持方向性运动，那么卖出的期权价格就会越涨越高，而卖方的保证金也可能会持续增加，就会面临追加保证金或被迫减仓的风险。

7. 调整和收尾

以牛市价差策略为例，如果标的价格上涨速度较慢，那么随着时间的推移，卖出期权的价格逐渐下降，而买入的实值期权的价格逐渐上涨，就会获得利润；如果标的价格上涨速度较快，卖出期权的价格已经接近平值期权或实值期权的价格，但上涨趋势还在持续，这时候应该选择卖出合约向更虚值移仓或者减仓卖方，以获取更大收益。

如果标的价格下跌，买入和卖出的期权价格就都会下跌，一般来说，买入的实值期权的价格下跌的幅度会较大。若是改变了对当前走势上涨的看法，则可以减仓买入的期权，或将轻仓买入的期权变成卖出认购看不涨期权，再或者加仓卖出期权，将价差策略变成比率价差策略来控制波动，也可以止损平仓该组合，以避免方向性损失。

8. 实战举例

图 2-18 所示是 2019 年 1 月 50ETF 的行情，在经历了 2018 年上半年的调整和下半年的震荡后，50ETF 终于在 2019 年 1 月 4 日左右见底，开始反弹，但因为是刚开始反弹，所以投资者无法估计反弹的力度，只好尝试性做多，却又不敢用买入虚值认购期权的方式来做多，于是试图构建牛市价差策略进行操作。

图 2-18　2019 年 1 月行权月 50ETF 日线图

1 月份行权日在 50ETF 价格刚好涨到 2.4 元附近时，在平值附近的期权走势如图 2-19～图 2-22 所示。

图 2-19　50ETF 购 1 月 2250 合约走势

图 2-20　50ETF 购 1 月 2300 合约走势

图 2-21　50ETF 购 1 月 2350 合约走势

图 2-22　50ETF 购 1 月 2400 合约走势

从图 2-19~图 2-22 中可以看出，1 月 4 日 50ETF 在 2.25 元时的平值认购期权 2250 收获了两三倍的涨幅，而行权价越高的虚值期权其涨幅越小，虚值认购期权 2400 最后刚好归零。构建买入认购期权 2250、2300、2350，再卖出认购期权 2400 及以上的期权，如此买卖双方都会获利。在这个时间段内，波动率指数的走势如图 2-23 所示，该走势一直持续下降到 1 月底，因此卖出虚值认购期权在波动率上也能获得收益。

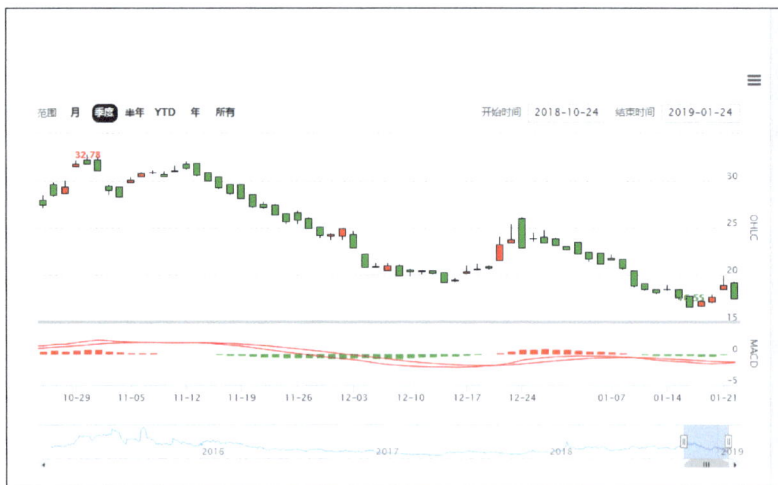

图 2-23　波动率走势图

2.1.4　比率价差策略

1. 使用场景

比率价差策略包括认购比率价差策略和认沽比率价差策略，适合看不大涨（大跌）的行情，同样也可以赚取虚值期权的时间价值和因波动率下降获取的利润，该组合可能使买卖双方都能获利，但是需要的保证金比较多，比较适合具有较多资金的投资者。例如，2019 年 1—5 月 50ETF 震荡走势，如图 2-24 所示。

图 2-24　2019 年 1—5 月 50ETF 震荡走势

2. 策略构建

比率价差策略是稍微复杂一些的两腿策略，认购比率价差策略是在买入低行权的认购期权时卖出多份相同到期时间的高行权价的认购期权；认沽比率价差策略是在买入高行权价的认沽期权时卖出多份相同到期时间的低行权价的认沽期权，也可以理解为“买贵卖便宜”。如图 2-25 所示，买入 30 份 50ETF 购 8 月 2400 并卖出 101 份 50ETF 购 8 月 2500，即为 1∶3.3 的认购比率价差。比率价差策略可以看作是在垂直价差策略的基础上增加了卖方的仓位。

持仓合约 | 自选合约 | 套利策略 | 备兑股份

合约代码	合约名称	类型	持仓	可平	买入成本价	买入成本	平仓盈亏
10001388	50ETF购8月2400	权利	30	30	0.0896	26881.00	3659.00
10001401	50ETF沽8月2600	权利	1	1	-2.9323	-29323.30	30343.30
10001390	50ETF购8月2500	义务	101	101	-0.0263	-26601.30	11451.30
	合计3		132	132		-29043.60	45453.60

图 2-25　认购期权比率价差（1∶3.3）策略示例

3. 到期损益图和盈亏平衡点

如图 2-26 所示，比率价差策略的最大收益在理论上是在卖出期权的权利金归零时买入期权的权利金，其最大亏损在理论上是无限的，即卖出的认购期权价格无限上涨的亏损。

到期盈亏平衡点为 2.601 元，即买入期权上涨的权利金与卖出多份期权后亏损的权利金刚好抵消的价格。如图 2-26 所示，当 50ETF 购 9 月 2400 合约上涨到 2000 元/张时，而卖出的 50ETF 购 9 月 2500 合约上涨到 1000 元/张。

4. 风险收益特征

最大风险：以认购比率价差策略为例。在理论上，最大风险为当标的价格不断上涨，买入认购期权的权利金增加的收益不能覆盖卖出多份认购期权的权利金的损失，以及某天当盘中暴涨时，卖出期权更大幅度的上涨带来的损失。

最大收益：认购比率价差策略到期的最大收益是标的价格刚好上涨到或者接近卖出期权的行权价，这样买入认购期权的价格上涨得最多，而卖出的多份认购期权刚好归零。

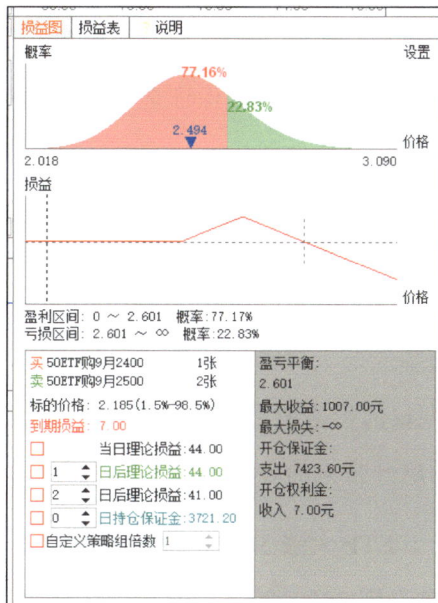

图 2-26　比率价差策略到期损益图和盈亏平衡点

5. 策略优势

比率价差策略的优势如下：

（1）比率价差策略在卖出期权后即可收到权利金作为风险补偿，卖出多份期权收到的权利金甚至能覆盖掉买方所支出的权利金。

（2）当对标的价格有明确的看法时，可以在买入实值期权的同时卖出多份压力（支撑）位以外的期权。在看对方向的前提下，如果压力位的效果比较明显，则卖方和买方都能获利，这是对标的走势有明确看法时的做法。

（3）期权时间价值。在虚值期权的价格中全部都是时间价值，实值期权的时间价值占比较少。若标的价格小涨、小跌，或者刚好不涨（不跌）到卖出多份期权的行权价位置，那么随着买入期权和卖出期权的时间价值的衰减，最后就可以在时间价值上获利。

（4）从概率上来说，虚值期权卖方有大概率盈利的优势，只要标的价格不涨（不跌）到卖出期权的行权价，就都能收到这个权利金，而且对判断的精准性、择时要求也较低。如果保证金足够多的话，那么中间的过程就不那么重要了，最后结果是盈利就行。

（5）同样，比率价差策略还可以赚取因波动率下降所带来的利润。

6. 策略劣势

比率价差策略面临的两大风险：一是在标的到期时标的价格大幅上涨（下跌）超过了卖出期权的价格所带来的损失；二是短期内标的价格快速大幅波动，其波动率的飙升带来的虚值期权涨速过快产生的亏损。

如图 2-27 所示，50ETF 大涨 3.39%，若是买入 1 份 2800 认购合约并卖出 2 份 2850 认购合约，则 2800 合约上涨幅度为 166%，上涨为 300 元/张。卖出的 2 份 2850 认购合约上涨幅度为 143%，上涨为 179 元/张，两张亏损 358 元（179＋179＝358 元）。由于买方上涨的金额（300 元）弥补不了卖方的亏损（358 元），因此造成浮亏。

权分类报价 | 期权T型报价 | 期权看盘 | 期权策略交易 | 期权套利交易

	代码	名称	涨幅%	现价	涨跌	买价	卖价	总量	现量	涨速%	换
1	510050	50ETF	3.39	2.777	0.091	2.776	2.777	2600万	1326	0.00	14
2	RUL9	橡胶指数	0.08	11955	10	11940	11955	106260	10	0.04	
3	CUL9	沪铜指数	0.25	47900	120	47850	47940	77666	2	0.00	
4	ML9	豆粕指数	-0.11	2667	-3	2667	2668	884226	4	-0.07	
5	CL9	玉米指数	0.16	1927	3	1926	1928	91982	2	0.00	
6	SRL9	白糖指数	0.14	5174	7	5172	5175	420168	8	0.10	
7	CFL9	郑棉指数	0.20	15295	30	15295	15305	135676	2	-0.03	

定栏目 ▾　认购　2019年05月(10天)

杠杆	持仓量	时间价	内在价	隐波%	涨跌	涨幅%	现价	行权价
9.9	3350	0.0033	0.2770	25.23	0.0863	44.48	0.2803	2.5000
12.1	2306	0.0030	0.2270	0.01	0.0798	53.13	0.2300	2.5500
14.9	5551	0.0092	0.1770	29.42	0.0702	60.52	0.1862	2.6000
19.5	9226	0.0155	0.1270	28.92	0.0750	111.11	0.1425	2.6500
26.9	25088	0.0261	0.0770	28.34	0.0533	107.03	0.1031	2.7000
38.6	57005	0.0449	0.0270	28.98	0.0408	131.19	0.0719	2.7500
57.9	83853	0.0480	–	29.68	0.0300	166.67	0.0480	2.8000
91.3	98826	0.0304	–	30.17	0.0179	143.20	0.0304	2.8500
141.0	135162	0.0197	–	31.55	0.0105	114.13	0.0197	2.9000
225.8	163291	0.0123	–	32.57	0.0048	64.00	0.0123	2.9500
334.6	198938	0.0083	–	34.40	0.0027	48.21	0.0083	3.0000
661.2	185648	0.0042	–	38.39	0.0006	16.67	0.0042	3.1000
991.8	131692	0.0028	–	43.65	0.0000	0.00	0.0028	3.2000
1388.5	95318	0.0020	–	48.62	0.0000	0.00	0.0020	3.3000
1851.3	94130	0.0015	–	53.34	0.0001	7.14	0.0015	3.4000

图 2-27　2019 年 5 月 10 日期权 T 型报价

7. 调整和收尾

以认购比率价差策略为例，如果标的价格上涨的速度较慢，随着时间的推移，买入认购期权缓慢上涨，卖出认购期权价格上涨的速度也不快，若刚好收盘在卖出期权的行权价之下，则买卖双方都会获利；如果标的价格上涨速度较快，在短时间内买卖的期权合约的价格都在上涨且接近于卖出期权的行权价，则可以考虑将卖出期权的行权价上移，或者减仓卖出期权，使该策略接近于牛市价差策略；如果因为波动率短暂的剧烈上涨造成期权价格大涨，则可以考虑观察一段时间，看看波动率是否有回落，以便采取加仓卖出或者增加买入实值期权的操作。

如果标的价格窄幅波动，即涨一天、跌一天，那么整个策略组合可能经常增加浮盈，最后总体盈利。

如果标的价格下跌，那么买入认购期权就会承受亏损，此时可以止损平仓买方，也可以买入实值认沽期权进行对冲，还可以加仓卖出多份认购期权构成大比率价差策略，以避免方向损失。

8. 实战举例

如图 2-28 所示，距离到期日还有 8 个交易日，2700 认购合约的价格为 1031 元，2900、2950、3000 合约的价格分别为 197 元、123 元、83 元。如果投资者觉得未来标的价格"上涨有限"，且涨不到 2.9 元以上，但又不想裸卖认购期权，那么在不考虑保证金支出的情况下，就可以采取下列方法构建一套"无成本"的策略。

（1）买入 1 份 2700 认购合约，卖出 5 份 2900 认购合约。

（2）买入 1 份 2700 认购合约，卖出 8 份 2950 认购合约。

（3）买入 1 份 2700 认购合约，卖出 12 份 3000 认购合约。

（4）买入 1 份 2700 认购合约，卖出 2 份 2900 认购合约＋ 4 份 2950 认购合约＋ 4 份 3000 认购合约。

在上述四种大比率价差策略中，卖出多份期权收到的权利金基本等于买入期权的权利金，只要标的价格最后未能上涨到卖出期权的行权价，就会获利；若是标的价格不涨也不跌，就肯定会有盈利；如果标的价格出现大幅下跌的情况，则买入的期权归零，但卖出多份期权也能收到不少的权利金，最后也不会亏损。

代码	名称	涨幅%	现价	涨跌	买价	卖价	总量	现量	涨速%	换手%	今开	最高
510050	50ETF	3.39	2.777	0.091	2.776	2.777	2600万	1326	0.00	14.84	2.718	2.783
RUL9	橡胶指数	0.08	11955	10	11940	11955	106260	10	0.04	–	11930	11980
CUL9	沪铜指数	0.25	47900	120	47850	47940	77666	2	0.00	–	47800	47940
ML9	豆粕指数	-0.11	2667	-3	2667	2668	884226	4	-0.07	–	2664	2670
CL9	玉米指数	0.16	1927	3	1926	1928	91982	2	0.00	–	1924	1927
SRL9	白糖指数	0.14	5174	7	5172	5175	420168	8	0.10	–	5186	5194
CFL9	郑棉指数	0.20	15295	30	15295	15305	135676	2	-0.03	–	15270	15330

栏目　认购　2019年05月(10天)

杠杆	持仓量	时间价	内在价	隐波%	涨跌	涨幅%	现价	行权价	现价	涨幅%	涨跌	隐波%
9.9	3350	0.0033	0.2770	25.23	0.0863	44.48	0.2803	2.5000	0.0040	-50.00	-0.0040	38.14
12.1	2306	0.0030	0.2270	0.01	0.0798	53.13	0.2300	2.5500	0.0057	-58.39	-0.0080	35.11
14.9	5551	0.0092	0.1770	29.42	0.0702	60.52	0.1862	2.6000	0.0103	-56.17	-0.0132	34.19
19.5	9226	0.0155	0.1270	28.92	0.0750	111.11	0.1425	2.6500	0.0188	-52.53	-0.0208	34.02
26.9	25088	0.0261	0.0770	28.34	0.0533	107.03	0.1031	2.7000	0.0286	-54.53	-0.0343	31.89
38.6	57005	0.0449	0.0270	28.98	0.0408	131.19	0.0719	2.7500	0.0473	-49.14	-0.0457	32.03
57.9	83853	0.0480	–	29.68	0.0300	166.67	0.0480	2.8000	0.0726	-44.15	-0.0574	32.28
91.3	98826	0.0304	–	30.17	0.0179	143.20	0.0304	2.8500	0.1039	-39.94	-0.0691	32.41
141.0	135162	0.0197	–	31.55	0.0105	114.13	0.0197	2.9000	0.1420	-35.86	-0.0794	33.43
225.8	163291	0.0123	–	32.57	0.0048	64.00	0.0123	2.9500	0.1858	-30.80	-0.0827	35.94
334.6	198938	0.0083	–	34.40	0.0027	48.21	0.0083	3.0000	0.2313	-26.85	-0.0849	38.16
661.2	185648	0.0042	–	38.39	0.0006	16.67	0.0042	3.1000	0.3294	-20.45	-0.0847	47.01
991.8	131692	0.0028	–	43.65	0.0000	0.00	0.0028	3.2000	0.4270	-16.93	-0.0870	53.50
1388.5	95318	0.0020	–	48.62	0.0000	0.00	0.0020	3.3000	0.5232	-14.79	-0.0908	54.99
1851.3	94130	0.0015	–	53.34	0.0001	7.14	0.0015	3.4000	0.6235	-12.68	-0.0905	63.66

图 2-28　2019 年 5 月 10 日期权 T 型报价

2.2　卖出跨式策略与卖出宽跨式策略

1. 使用场景

有三种常见的场景适合使用卖出跨式策略和卖出宽跨式策略：第一种是在窄幅震荡行情时，卖出平值附近的期权或者虚值期权，获取标的价格在窄幅震荡时期权权利金因时间价值衰减的收益。第二种是在震荡行情时，卖出箱体顶部和箱体底部之外的期权合约（图 2-29），博取标的价格波动不超出区间的收益。第三种是在波动率下降时，卖出跨式期权和宽跨式期权。如图 2-30 所示，在波动率快速下降时，认购期权和认沽期权的涨幅都有限。当标的价格上涨时，可能认购期权的涨幅在 10% 以内，认沽期权的跌幅在 30% 左右；当标的价格下跌时，认购期权的跌幅在 30% 以上，认沽期权的涨幅在 10% 以内。无论涨跌，最后两个方向的期权都朝着归零而去，两头盈利。

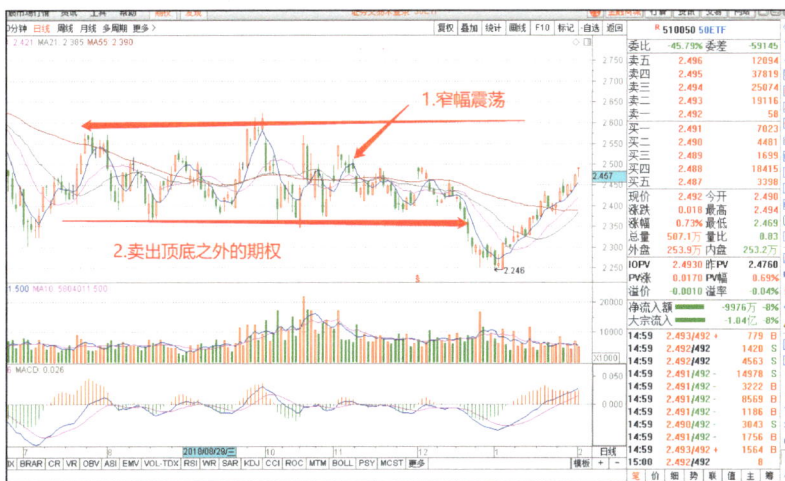

图 2-29　2018 年 7—11 月 50ETF 宽幅震荡

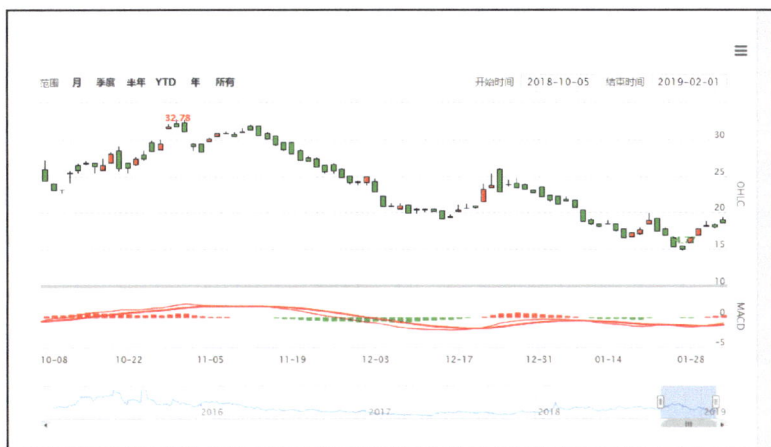

图 2-30　波动率指数走势图

2. 策略构建

卖出跨式策略就是同时卖出平值认购期权和平值认沽期权,一般两种期权的行权价和到期日分别相同。如图 2-31 所示,同时卖出 50ETF8 月 2500 认购期权和认沽期权,随着末日期权时间价值的衰减,两边都能盈利。

卖出宽跨式策略是同时卖出同一行权日的虚值认购期权和虚值认沽期权,这样既可以赚取时间价值衰减的利润,又可以在到期标的价格未能到达两个虚值期权的行权价的位置时,将期权都归零,图 2-31 所示为 50ETF 购 9 月 2600 合约和 50ETF 沽 9 月 2400 合约。

图 2-31　卖出宽跨式策略与卖出跨式策略示例

3. 到期损益图和盈亏平衡点

图 2-32 所示为卖出跨式策略的到期损益图和两个盈亏平衡点:

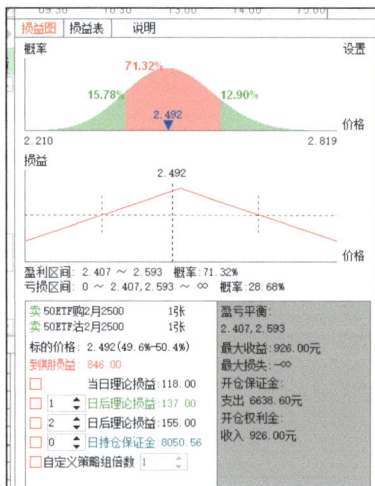

图 2-32　卖出跨式策略到期损益图和盈亏平衡点

（1）高的盈亏平衡点＝行权价＋收到的权利金。

（2）低的盈亏平衡点＝行权价－收到的权利金。

图 2-33 所示为卖出宽跨式策略的到期损益图和两个盈亏平衡点：

（1）高的盈亏平衡点＝认购期权行权价＋收到的权利金。

（2）低的盈亏平衡点＝认沽期权行权价－收到的权利金。

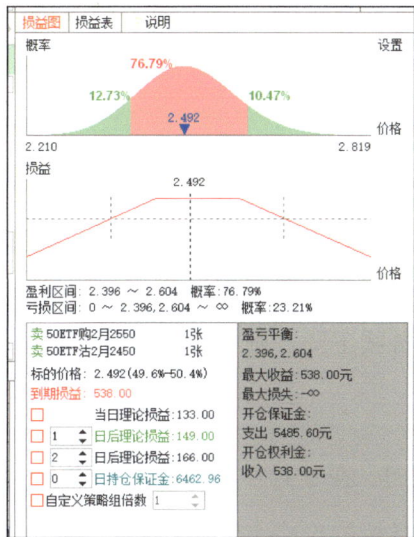

图 2-33　卖出宽跨式策略到期损益图和盈亏平衡点

4. 风险收益特征

最大亏损：卖出跨式策略和宽跨式策略的亏损无限。如果在短期内标的价格有大幅波动，那么无论标的价格是上涨还是下跌，都会有较大亏损。

最大收益：卖出跨式策略和宽跨式策略的收益有限，最大收益为收到的两边的权利金，但如果合约不到期，那么两边就都不归零。

5. 策略优势

如果是双边卖出，则不用出手续费，且在构建时能够收到较多的权利金。两个盈亏平衡点的距离可能较远，但只要标的价格没有较大的波动，就都有可能获利，而且获利概率较大。

6. 策略劣势

如果遇到大涨或者大跌的行情，那么卖出跨式策略和卖出宽跨式策略就都有可能亏损，而且潜在的损失是无限的。这就需要对标的价格的窄幅震荡和波动率的下降趋势有一个较好的判断，一般卖出（宽）跨式期权持有的时间较长，适合具有较大资金且持有时间较长的投资者。

7. 调整和收尾

当标的价格朝着卖出（宽）跨式策略的某个方向波动时，可以在该方向上加一个买入期权的操作来构成"垂直价差＋卖虚值期权"策略进行对冲，根据行情的演变再考虑变换策略。如果标的价格在这个阶段没有较大的波动，或者波动率持续下降，则可以安稳地收到两边的权利金。

8. 实战举例

2019 年 5 月行权月，在 5 月 9 日 50ETF 调整结束后，处于一个宽幅震荡调整的范围，这时候标的价格上涨不到 2.8 元（图 2-34），同时下跌

图 2-34　2019 年 5 月 50ETF 走势

不超过 2.7 元，所以卖出了 50ETF 购 5 月 2800 合约和 50ETF 沽 5 月 2700 合约（图 2-35），并根据行情配备不同的数量，略带方向为偏空，最后标的价格刚好收在 2.709 元，伴随着波动率的下降（图 2-36），收到了两边的权利金。

图 2-35　卖出 50ETF 购 5 月 2800 合约和 50ETF 沽 5 月 2700 合约

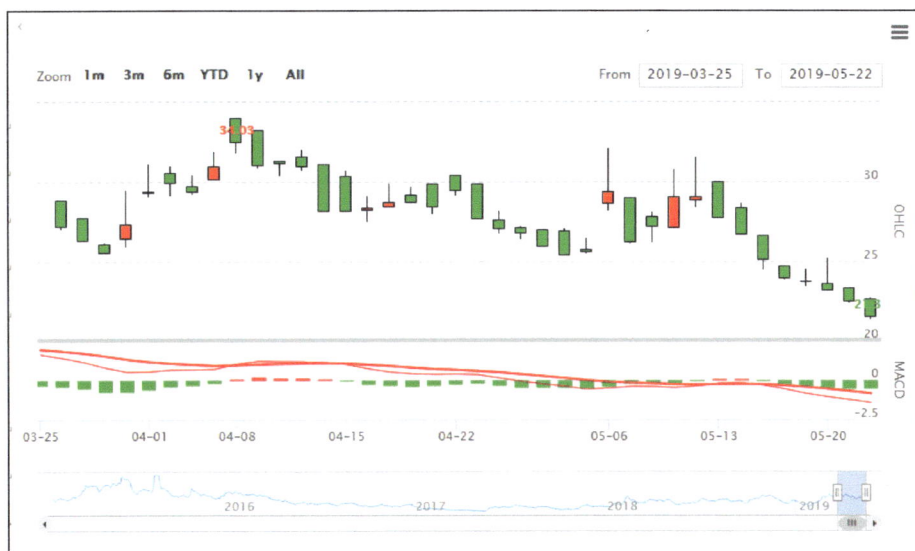

图 2-36　波动率指数走势图

2.3　备兑策略和更好的选择

1. 使用场景

备兑策略有四种常见的使用场景：第一种是在行情窄幅震荡时，持有现货，卖出平值附近的期权或者虚值期权，获取窄幅震荡的期权权利金因时间价值衰减的收益。第二种是在行情缓慢上行时，卖出通道之上的期权合约，博取标的价格波动不超出区间的收益。第三种是在波动率下降时，卖出虚值期权或平值期权，因为在波动率快速下降时，认购期权涨幅有限。第四种是持有现货不动，如果想增加收益，则卖出时间价值较多的实值、平值、虚值的期权。在不计现货盈亏的情况下，获取期权的时间价值。图 2-37 所示的不同阶段均可以用备兑策略的不同方法来实现。

图 2-37　2019 年 1—5 月 50ETF 走势

2. 策略构建

备兑策略即持有现货，同时又卖出认购期权，其中认购期权可以是当月期权也可以是远月期权，可以是虚值期权也可以是平值期权或者实值期权。在构建备兑策略时，一定要在期权软件中先锁定券，如图 2-38 所示，50ETF 锁券数量必须是 10 000 的整数倍。在下单卖出认购期权的界面勾选"备兑"选项，如图 2-39 所示，这样既不会被收取保证金，也不用担心风险。

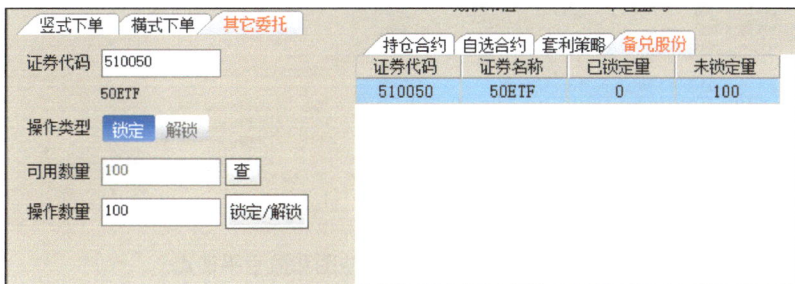

图 2-38　备兑前的锁券

图 2-39　下单时勾选"备兑"选项

3. 到期损益图和盈亏平衡点

备兑策略的到期损益图和盈亏平衡点如图 2-40 所示，其计算公式如下：

$$盈亏平衡点＝标的价格－收到的权利金$$

4. 风险收益特征

最大亏损：对于整个备兑组合策略来说，最大亏损就是标的价格跌到 0，备兑卖出的认购期权权利金不能覆盖标的价格下跌的损失。但对于股票指数和 ETF 类的标的，其价格不可能在短时间内跌到 0，而一些股票价格也难以快速归零。

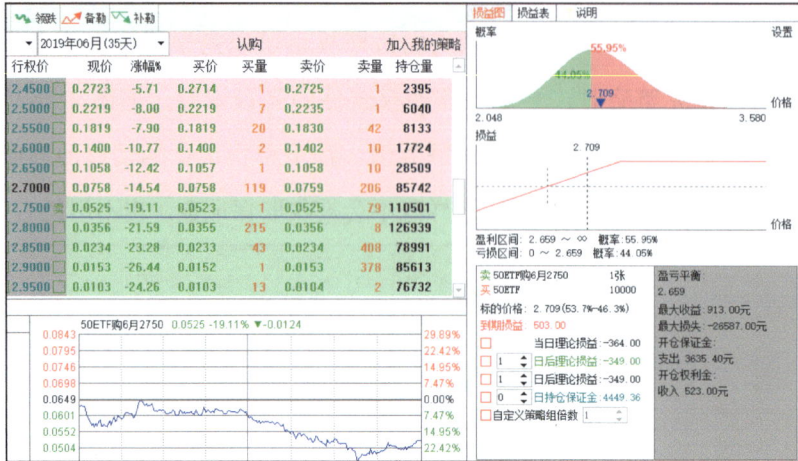

图 2-40　备兑策略到期损益图和盈亏平衡点

最大收益：收益有限。如果标的价格不断上涨，卖出的认购期权变成实值，Delta 值接近于 1，即标的价格上涨的金额和期权价格上涨的金额一致，而当标的价格上涨到收到的权利金刚好等于到期时全部变为内在价值的位置时，最大收益为赚取的全部时间价值加上标的价格的上涨。

5. 策略优势

备兑策略可以作为长期持股者降低成本的一种方式。使用该策略，无论标的价格是小涨、小跌，还是横盘，投资者都能获取一些额外收益。就算标的在一年中不涨也不跌，备兑策略也能带来每个月平均 2%的额外收益。而且备兑策略不用额外缴纳保证金，也不用担心风险，而且收到的权利金可以取走，再用来买卖期权。

6. 策略劣势

在标的价格大幅上涨时，如果不调整备兑策略使卖出的认购期权变成实值期权且使期权上涨的金额和标的价格上涨的金额接近，那么整个组合的收益就会被封顶，不再增加，这样就失去了后面获利的机会。

在标的价格大幅下跌时，投资者卖出的虚值认购期权就算归零，也不能弥补标的价格下跌带来的损失，这时如果没有使用减仓、向下移仓备兑等方式进行处理，那么整个组合策略就会面临较大风险。

7. 调整和收尾

如果标的价格在备兑期间没有大幅涨跌，那是再好不过的，就可以安稳地收到期权权利金、顺利地将标的持有到期，也可以提前平仓拿到收益，而且现货端也没有较大的价格波动。

如果标的价格在备兑期间慢慢上涨或者快速上涨，且波动率上升，那么备兑策略的上行收益就会被封顶，就失去了继续上行的收益，这时候应该通过减仓备兑期权、向上移仓到更虚值的期权或者加入卖出认沽期权等方式来暂时放大正向敞口，甚至暂时解除备兑策略，持有现货待涨。

如果标的价格在备兑期间有较大幅度的下跌，那么备兑卖出的虚值期权权利金则不能弥补标的价格大幅下行的损失，此时如果持有现货不动，则可以把虚值期权向更实值的期权移仓，还可以增加买入认沽期权以构成领口策略，或者如果预期发生了改变，就减仓现货。

如果标的价格在短时间内上涨较多，那么为了收取时间价值的期权就会从虚值涨到实值，但原来的时间价值占比已经非常少，也就没有继续持有的意义了，这时应该考虑卖出更虚值、时间价值更多的期权。

8. 实战举例

2019 年 5 月行权月，在 5 月 9 日 50ETF 调整结束后，处于一个宽幅震荡调整的范围，看标的价格上涨不到 2.8 元，同时下跌不超过 2.7 元，此时应持有 50ETF 现货，同时备兑卖出 2800 认购合约和 2750 认购合约，如图 2-41 所示，并根据行情和预期卖出 2800 认购较多一些，卖出 2750 认购较少一些。随着标的价格的窄幅震荡且伴随着波动率的下降，可收到认购期权权利金，且现货端盈亏不大，收益率约为 2%。

图 2-41　2019 年 5 月 15 日期权 T 型报价

9. 替代备兑策略的更好选择

以 50ETF 为例，对于一般的备兑策略来说，买入一份现货需要 10000 股 50ETF，按照现价（2019 年 5 月）计算为 2.7 万元左右，买入现货后再来备兑卖出几百元一张的虚值或平值认购期权，如果行情好，就能增加 2%～3% 的收益。如果觉得这个收益太低，就可以用其他方式来替代备兑策略，提高资金的利用率。一般来说有两种方式：①用深度实值认购期权替代现货；②用股指期货替代现货，具体如下。

（1）用深度实值认购期权替代现货。

如图 2-42 所示，当前 50ETF 的价格为 2.684 元，买入 10 000 股花费的金额为 26 840 元，但买入深度实值 2400 认购期权只需要 2931 元，时间价值为 91 元，占比约为 3%，属于比较合理的占比。再卖出 2800 认购期权构成远距离牛市价差策略，类似于备兑策略，收到的权利金为 285 元，支出的保证金为 3000 元左右，那么整个组合花费约为 6000 元，比直接使用备兑策略节省 2 万元，资金利用率提高了约 3 倍。

期权T型报价	期权看盘	期权策略交易	期权套利交易						
名称	涨幅%	现价	涨跌	买价	卖价	总量	现量	涨速%	换
50ETF	-0.92	2.684	-0.025	2.683	2.684	652.2万	56	-0.06	
橡胶指数	-2.89	11920	-355	11915	11925	396770	2	-0.04	
沪铜指数	-1.29	46780	-610	46780	46790	278822	34	0.00	
豆粕指数	-0.29	2771	-8		2772	234.6万	36	-0.18	
玉米指数	-0.10	1996	-2	1995	1996	122.8万	2	0.00	
白糖指数	-2.18	4927	-110	4926	4927	201.4万	2	0.33	
郑棉指数	-1.96	13510	-270	13505	13510	765170	2	-0.07	

认购								2019年06月(34天)
杠杆	持仓量	时间价	内在价	隐波%	涨跌	涨幅%	现价	行权价
4.2	2933	0.0061	0.6340	0.01	-0.0259	-3.89	0.6401	2.0500
4.6	1548	0.0046	0.5840	0.01	-0.0275	-4.46	0.5886	2.1000
5.0	931	0.0080	0.5340	0.01	-0.0242	-4.27	0.5420	2.1500
5.5	867	0.0056	0.4840	0.01	-0.0269	-5.21	0.4896	2.2000
6.1	1230	0.0045	0.4340	0.01	-0.0294	-6.28	0.4385	2.2500
6.8	980	0.0091	0.3840	20.30	-0.0243	-5.82	0.3931	2.3000
7.9	1463	0.0064	0.3340	0.01	-0.0278	-7.55	0.3404	2.3500
9.2	2894	0.0091	0.2840	0.01	-0.0264	-8.26	0.2931	2.4000
10.9	2538	0.0120	0.2340	16.71	-0.0263	-9.66	0.2460	2.4500
13.3	8129	0.0172	0.1840	19.06	-0.0207	-9.33	0.2012	2.5000
16.8	9811	0.0253	0.1340	19.24	-0.0226	-12.42	0.1593	2.5500
22.0	22635	0.0381	0.0840	19.96	-0.0179	-12.79	0.1221	2.6000
30.0	39278	0.0556	0.0340	20.04	-0.0162	-15.31	0.0896	2.6500
42.2	117704	0.0636	—	20.04	-0.0122	-16.09	0.0636	2.7000
62.3	130064	0.0431	—	20.13	-0.0094	-17.90	0.0431	2.7500
94.2	146194	0.0285	—	20.36	-0.0071	-19.94	0.0285	2.8000

图 2-42　2019 年 6 月认购期权报价

之所以选择深度实值认购期权来替代 50ETF，是因为深度实值期权的时间价值很小，Delta 值接近于 1，且受波动率的影响非常小，标的价格涨跌的金额和该合约涨跌的金额非常接近。

当然，选择深度实值认购期权也有一些缺点，比如构建的类似的备兑策略在本质上还是牛市价差策略，只不过买方和卖方的行权价的间距较远。一般深度实值期权的流动性不太好，会面临比较大的成交滑点，不如现货成交顺畅。另外，卖出期权还需要缴纳保证金，并且该期权大涨其保证金也会增加，这样可能就会面临被强平和追加保证金的风险。

（2）用股指期货替代现货。

用股指期货（IH 合约）替代 50ETF 的优点是占用资金较少，如在 2019年 5 月 23 日一张 IH 合约的市值约为 80 万元(2666 点×300 元/点≈799 800元)，合约保证金为 10.4 万元（80 万元×13%＝10.4 万元），接近于 10 倍杠杆。当时，50ETF 的价格为 2.67 元，买入 30 万股大概可以花掉 80 万元的资金，可以备兑卖出 30 张期权，按照一手 IH 合约搭配卖出 30 张认购期权的比例来算，即将一手 IH 的保证金 10.4 万元分配到 30 张期权中，每张期权均摊 3500 元，再加上期权保证金支出的 3000～4000 元，故保证金支出总计为 6500～7500 元，比直接买入 50ETF 进行备兑更节省资金。在相同收益的情况下，这同样可以提高资金利用率，并且股指期货比深度实值期权的流动性好。

使用股指期货替代现货的风险是在成分股分红时，股指期货会随着指数自然回落，从而影响跟踪效果。而 50ETF 不会随着成分股的分红而自然回落，其一般是每半年进行一次分红，同时将期权进行调整。另外，在行情大跌时，期货会出现"贴水（期货价格低于现货）"，在极端情况下会"贴水"100 点以上；在行情大涨时，期货也可能出现"升水（期货价格高于现货）"。虽然 ETF 在大涨、大跌时也会出现"升水"或"贴水"，但是套利资金马上会进来把它填平。

在图 2-43 所示的收益图上，备兑策略和卖出认沽期权是等价的，距离到期时间不太长的、具有相同行权价的认购期权与认沽期权的时间价值基本相等。备兑策略与卖出认沽期权的损益图也基本相同，图 2-44 所示为卖出实值认购期权与卖出同行权价虚值认沽期权的对比。

备兑策略与卖出同行权价的认沽期权的相同点如下：

（1）都是为了获取时间价值。备兑策略完全是为了获取虚值期权、平值期权、实值期权的时间价值，到期时期权的价格基本是内在价值，也就是等于标的价格与行权价之差。卖出认沽期权持有到期也是为了获取时间价值，到期时虚值期权归零，实值期权价格同样等于行权价与标的价格之差。

图 2-43　快到期前期权时间价值比较

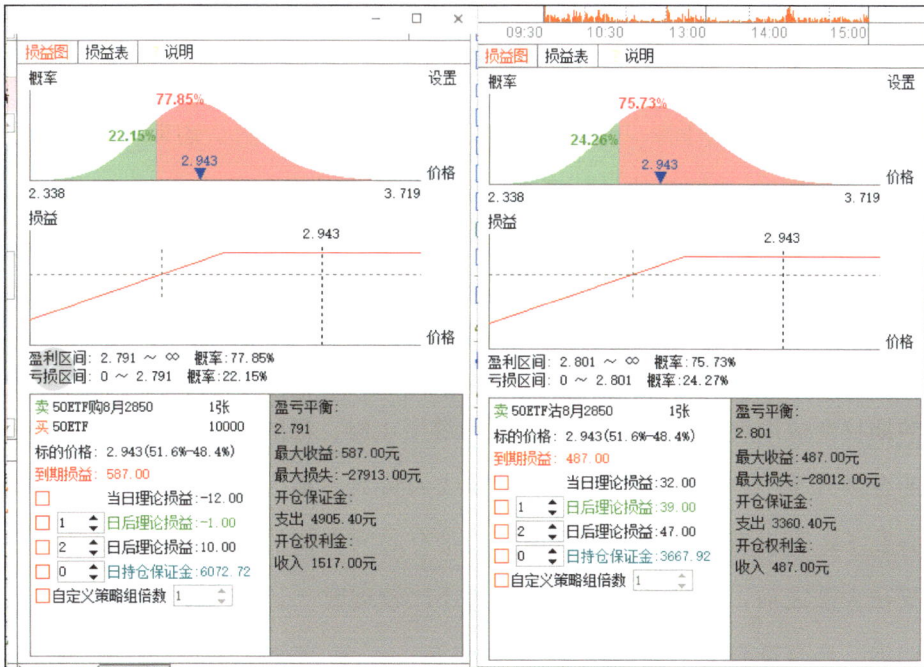

图 2-44　备兑实值认购与卖出同行权价虚值认沽损益图对比

（2）盈亏平衡点基本一样。持有到期，备兑策略与卖出同行权价的认沽期权的盈亏平衡点基本都是用行权价减去期权的时间价值，比行权价略低。

（3）风险收益基本一样。如果不考虑其他因素的话，两种策略的最大收益分别是认购期权的时间价值和认沽期权的权利金。如果标的价格大涨，则认购期权的时间价值基本等于零，标的价格和深度实值认购上涨的金额几乎相同，而当卖出的虚值认沽期权价格下跌到接近归零时，再继续大涨就不会有收益了。

备兑策略与卖出同行权价的认沽期权的不同点如下：

（1）所需要的资金不同。如果按照图 2-44 所示的标的和期权价格，备兑一张期权先要买入 1 万股 50ETF，资金为 2.9 万多元，再卖出 1 张 2850 认购期权，收回 1066 元权利金，实际支出 2.8 万多元。而卖出一张 2850 虚值认沽期权，保证金不超过 4000 元。

（2）风险度不同。其体现在期权账户上的备兑卖出认购期权的风险度为 0，而卖出认沽期权的风险度会随着期权价格的变化而波动。如果遭遇行情大跌，那么单纯地卖出认沽期权就既会面临浮亏，也会面临追加保证金的风险，而备兑策略只会面临标的价格大幅下跌的浮亏风险。

（3）获利了结方式不同。在备兑策略中，当标的价格大涨、备兑卖出的期权变成深度实值期权、Delta 值约等于 1 时，标的价格和期权价格涨跌的金额几乎一样，时间价值接近归零或为负数，那么该策略就没有持有的必要了，可以获利了结，卖出虚值的带有时间价值的期权。而卖出认沽期权在大涨之后，尤其是当距离到期日还比较远时，该虚值期权并不会马上归零，还有持有的必要性。

（4）受波动率的影响不同。当标的价格快速下跌时，如果波动率快速升高，则卖出认沽期权，因为期权价格上涨受波动率上升的影响比较大，同时期权价格会上涨得很快，卖方也就浮亏得很快。但是认购的波动率同步上升可能会出现认购期权跌幅很小，甚至虚值期权上涨的现象，不能给现货下跌提供较好的保护，当然，这种现象持续的时间不会太长。

（5）浮亏后续处理有所不同。当标的价格快速下跌时，备兑的认购期权可以向下移仓为更实值的期权，也可以买入认沽期权构成领口策略。而卖出认沽可以平仓止损，也可以移仓卖出更虚值的期权，或者买入认沽变成价差策略。

（6）备兑相当于减仓。因为做备兑大约需要 3 万元的成本，而卖出同行权价的认沽期权大约需要 4000 元，而从损益图上看备兑和卖认沽是基本等价的，因此备兑相当于变相降低了仓位。

（7）远月合约备兑和卖认沽有所不同。图 2-45 所示为 8 月份的合约，认购时间价值高于同行权价的认沽期权。如果持有到期且市场照着持仓方向走，那么备兑就会有很高的收益。

合约代码	持仓量	时间价	内在价	隐波%	涨跌	涨幅%	现价	行权价	现价	涨幅%	涨跌	隐波%	内在价	时间价	持仓量	合约代码
10001883	1951	0.0236	0.2430	20.36	0.0173	6.94	0.2666	2.7000	0.0144	-20.44	-0.0037	22.61	—	0.0144	39575	10001892
10001884	1015	0.0320	0.1930	20.91	0.0156	7.45	0.2250	2.7500	0.0224	-17.95	-0.0049	22.56	—	0.0224	28413	10001893
10001885	3576	0.0436	0.1430	21.27	0.0136	7.86	0.1866	2.8000	0.0337	-16.79	-0.0068	22.59	—	0.0337	30251	10001894
10001886	4896	0.0589	0.0930	21.52	0.0120	8.58	0.1519	2.8500	0.0488	-14.98	-0.0086	22.68	—	0.0488	15216	10001895
10001887	13399	0.0780	0.0430	21.64	0.0105	9.50	0.1210	2.9000	0.0685	-12.52	-0.0098	22.91	—	0.0685	20705	10001896
10001888	27499	0.0952	—	21.92	0.0005	9.80	0.0952	2.9500	0.0919	-11.12	-0.0115	23.01	0.0070	0.0849	18802	10001897
10001889	30091	0.0732	—	22.08	0.0067	10.08	0.0732	3.0000	0.1202	-9.76	-0.0130	23.31	0.0570	0.0632	12197	10001898
10001890	42465	0.0419	—	22.64	0.0049	13.24	0.0419	3.1000	0.1885	-7.73	-0.0158	24.07	0.1570	0.0315	6377	10001899
10001891	36647	0.0230	—	23.26	0.0031	15.58	0.0230	3.2000	0.2696	-5.93	-0.0170	25.25	0.2570	0.0126	1836	10001901
10001901	33979	0.0129	—	24.23	0.0020	18.35	0.0129	3.3000	0.3582	-5.24	-0.0198	26.56	0.3570	0.0012	484	10001902
10001905	28980	0.0078	—	25.61	0.0010	14.71	0.0078	3.4000	0.4536	-5.10	-0.0244	29.28	0.4570	-0.0034	532	10001906

图 2-45　2019 年 8 月期权 T 型报价

2.4　铁鹰策略与铁蝶策略

1. 使用场景

铁鹰策略和铁蝶策略适用于窄幅震荡行情，具有低风险、收益稳定的特点，即两种策略的盈亏都能控制在一个很小的范围内，是低风险偏好投资者所青睐的策略。两种策略所需要的保证金都比较多，适合具有较多资金的投资者。图 2-46 所示是 2019 年 5 月的震荡行情，其波动率维持在 20%左右。

图 2-46　2019 年 5 月 50ETF 走势

2. 策略构建

铁鹰策略和铁蝶策略都需要四个合约来构建。如图 2-47 所示，构成图中铁鹰策略的四个合约为卖出低行权价的 2800 认沽期权，买入较高行权价的 2850 认沽期权，再买入更高行权价的 3000 认购期权，最后卖出最高行权价的 3100 认购期权。该策略可以看作是一组熊市价差策略加一组牛市价差策略，也可以看作是一组买入宽跨策略加一组卖出宽跨策略，该策略要表达的意思是标的价格会突破两个买入期权的范围，但是到不了两个卖出期权的范围，最好的结果是买方能从其中一个期权获取较多的利润，另外三个期权全部归零。

图 2-47　铁鹰策略构建

铁蝶策略的构建与铁鹰策略的类似，只是中间的认购期权的行权价和认沽期权的行权价相同，即买方为买入跨式期权，而铁鹰为买入宽跨式期权。

如果调整的幅度不太大，就把期权合约的买卖方向倒过来，即把卖方变成买方。卖出中间合约，再买入更虚的认购期权和认沽期权，最好四个合约全部归零，以获取中间两个合约的权利金，支出两个更虚值期权的权利金。

3. 到期损益图和盈亏平衡点

如图 2-48 所示，在理论上，铁鹰策略的最大收益、最大亏损都是有限的，其收益在某个区间内，四个合约全部归零。如图 2-49 所示，铁蝶策略的损益图中间是一个尖峰，该策略的收益和亏损也都是有限的。

图 2-48　铁鹰策略到期损益图和盈亏平衡点

图 2-49　铁蝶策略到期损益图和盈亏平衡点

铁鹰策略和铁蝶策略都有两个盈亏平衡点，分别在收到的权利金和支出的权利金相等的位置。

4. 风险收益特征

最大风险：铁鹰策略和铁蝶策略的最大风险是标的价格大幅上涨（下跌）到买入期权的行权价之外时，认购（认沽）期权大涨后都变成了实值期权，但它们又类似于牛（熊）市价差策略，所以最大风险是有限的。

最大收益：铁鹰策略和铁蝶策略的最大收益也是有限的，就是买卖的四个期权合约全部归零。

5. 策略优势

铁鹰策略和铁蝶策略的优势在于可以获得较为稳定的低风险收益，受标的价格、波动率和时间的影响较小。在投资中，如果对方向、波动率感到迷茫，则可以先建立这样的策略作为权宜之计。

多条腿的策略可以很方便地通过拆腿将策略变成其他的策略。

6. 策略劣势

铁鹰策略和铁蝶策略的劣势在于需要建仓四个合约，多支出了手续费，另外对于资金不多的投资者来说，它们的收益率太低。

7. 调整和收尾

在建仓前，对合约的选择很重要，因为这关系到利润的多少和风险的高低。另外，要对标的价格波动的范围有较清晰的看法，这也能增加利润、控制风险。

在建仓时，四个合约可以在不同时间建仓，如在波动率高时建仓卖方，在波动率低时建仓买方，随后静静地收割时间价值和不同期权合约的价差，不太需要盯盘。在期权快到期之前，如果收割了大多数的时间价值，就可以考虑平仓。

8. 实战举例

2019 年 4 月底，临近"五一"假期，这时如果买入跨式期权，则担心标的价格没有较大的变化而出现亏损；如果卖出跨式期权赚取时间价值，则担心标的价格会有大幅波动，于是低仓位构建了图 2-47 中的铁鹰策略，即买入中间的宽跨式期权，再卖出更虚值的宽跨式期权，将亏损和收益控制在一定的范围内，再根据标的价格的波动来拆腿、变换策略和加仓。结果 5 月 6 日 50ETF 低开低走，在开盘时先止损买入 3000 认购合约，再根据情况止损卖出 2800 认沽合约，留下买入的 2850 认沽合约和卖出的 3000 认购合约，变成合成空头策略，这是不想错过盈利机会的权宜之计。

2.5　期权卖方与期权买方相辅相成

很多新开户的投资者，往往会受到做期权买方"收益无限，风险有限"、做期权卖方"收益有限，风险无限"宣传的影响，而不喜欢做卖方，只喜欢做买方，其实在时间和盈利概率的影响下，买方常常很难获利。

通过学习和实践，投资者可以使用牛熊价差、合成多头/空头、比率价差等策略，"以卖养买"延长买入期权操作的生存周期。

将期权卖方和期权买方相结合，有以下优势：

（1）可以容纳更多的资金。很多买方只愿意拿几万元试水，但如果较好地掌握了期权卖方的技能，期权账户就可以容纳上百万元的资金。

（2）期权策略的容错性更好。有时候使用牛熊价差或合成多头等策略，最后发现买方仓位未必盈利，但是卖方仓位是盈利的，即总体仓位是盈利的。这充分说明卖方具有更好的容错性，因此将卖方与买方相结合可以提高盈利的概率。

（3）增加收益。当对标的有比较明确的方向性看法时，可以使用一定仓位来做买方，毕竟卖方在单个合约上的利润有限。若行情配合，买方在单个合约上可获得数倍的收益。

（4）风险可控。许多策略的最大收益和最大亏损都是在一定范围内的。由于做纯卖方的最大风险无限，所以这时若加上同向的买方就能控制住风险。而买方看似亏损有限，但有归零的风险，而且若是重仓归零就会损失惨重，这时若将买方与容错性较好的卖方相结合，则既可以被动降低仓位又可以控制风险。

（5）"以卖养买"心态好。若从口袋里掏钱购买虚值期权就会害怕有归零风险，但若是做卖方赚了10%，拿出盈利2%～5%的资金去做买方，心态就能好很多。图 2-50 所示为使用牛市价差策略加上卖出认沽期权来获取稳健的收益，笔者在期权操作中更喜欢这种方式。

合约代码	合约名称	类型	持仓	可平	买入成本价	买入成本	浮动盈亏
10001563	50ETF购1月2350	权利	50	50	0.0459	22931.00	16669.00
10001564	50ETF购1月2400	权利	100	100	0.0180	18000.00	17500.00
10001653	50ETF购2月2400	权利	100	100	0.0552	55200.00	21000.00
10001655	50ETF购2月2500	义务	50	50	-0.0193	-9660.00	-5240.00
10001660	50ETF沽2月2300	义务	20	20	-0.0311	-6224.00	2964.00
10001661	50ETF沽2月2350	义务	80	80	-0.0345	-27615.00	4735.00
	合计6		400	400		52632.00	57628.00

图 2-50　牛市价差策略与卖出认沽期权结合

2.6　卖期权参考的技术指标

卖期权可参考的技术指标比买期权的简单，常用的有均线、MACD、KDJ、BOLL。

1. 均线

均线是最简单、最直观的技术指标，大多数人都会把这个指标作为参考，常见的均线设置有 5 日、10 日、20 日、60 日、120 日、250 日（周期）等，反映的是短期、中期、长期等的平均价格。

在实际操作中，均线可以作为当前是上涨、下跌，还是横盘走势的一个参考，也可以作为方向性卖方、卖出跨式等的一个参考。如图 2-51 所示，在图中标识"1"的阶段，均线整体向上发散，以做多为主，即做卖出认沽期权，或者使用牛市价差策略；在图中标识"2"的阶段，均线整体向下运行，并且经常受到中期均线的压制，以逢高卖认购期权为主；在图中标识"3"的阶段，短期均线、中期均线纷纷走平，呈现出宽幅震荡的格局，应当以卖出跨式和卖出宽跨式为主要策略；在图中标识"4"的阶段是均线向上运行；在图中标识"5"的阶段是短期均线向下运行，可以看出当前上涨、下跌、横盘的趋势。对于 50ETF 这样大的指数类产品，在短时间内改变行情的走势还是比较困难的，因此在操作时可以分别选择对应的策略。

图 2-51　2017 年 5 月—2019 年 5 月 50ETF 走势

均线还可以作为卖期权时合约选择的重要依据。

2. MACD

卖期权参考 MACD 主要是通过参考金叉、死叉和背离来预测和跟踪行情拐点，加上卖期权具有容错性，这样可以有较好的变换策略的机会。如图 2-52 所示，将 MACD 的日线级别死叉和背离作为多空和拐点的判断还是有一定成功率的，其适合对趋势行情中拐点的判断。

图 2-52　2017 年 5 月—2019 年 5 月 50ETF 走势及 MACD

3. KDJ

当标的价格处于震荡行情时，如果参考 MACD 不管用，就把震荡指标 KDJ 作为做多、做空的参考。KDJ 是一个比较敏感的震荡指标，可以用其来判断标的价格多、空的转变，从而决定是以卖出认购期权为主，还是以卖出认沽期权为主，如图 2-53 所示。

4. BOLL

在卖出虚值期权时，可以把 BOLL 的上下轨作为选择合约的参考指标，如图 2-54 所示。

图 2-53　2018 年 6—11 月 50ETF 走势及 KDJ

图 2-54　2018 年 5 月—2019 年 5 月 50ETF 走势及 BOLL

2.7　卖期权怎样选择合约

对于期权的卖方来说，需要考虑从哪些维度获取利润，以作为选择单卖、双卖合约的参考。做卖方的参考维度有方向、波动率、时间，与做买方的参考维度类似。

如图 2-55 所示，上涨与下跌的金额基本上是对方向的反映，隐含波动率是对波动率的反映，而时间就是对时间价值的反映。投资者的利润来自哪个维度，就可以相应地将其作为选择合约的参考。

图 2-55　50ETF 期权 T 型报价

1. 单边方向波动

如果要赚单边方向的钱，并且对这个方向比较有把握，那么就要选择单向卖出期权。根据风险控制的原理，卖出虚值期权、平值期权、实值期权都可以，即使单边卖出牛市深度实值期权或熊市深度实值期权也没有问题。

如图 2-56 和图 2-57 所示，在单边的市场中，卖出平值认购期权并采取移仓操作的方法，每次花费 4000 元的保证金，能卖出 500 元/张的平值期权，并且在 100 元/张时平仓，然后卖出下一张 500 元/张的平值期权，从而获取利润。

从图 2-58 中可以看出，50ETF 购 6 月 2600 合约在最高时为 4500 元，但最后还是归零了，可见方向性卖出的利润巨大。

2. 波动率高低与升降

波动率高低与升降是不愿意判断标的价格走势，或者是判断标的价格走势能力不强的期权卖方常用的一种卖期权的参考维度，其实做期权投资最难判断的就是方向，最容易判断的是时间价值的流失，处于中间位置的是判断波动率的升降和运行方向。

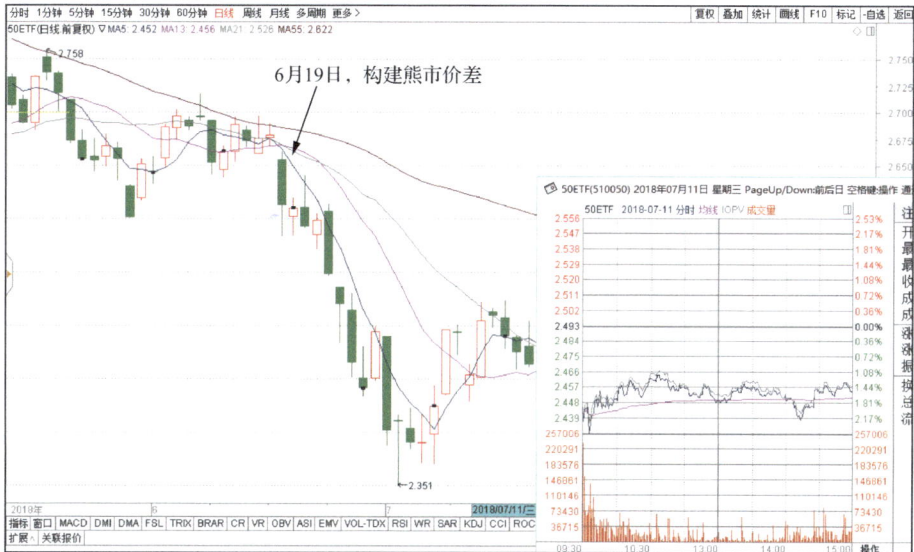

图 2-56　2018 年 6 月 50ETF 走势

图 2-57　笔者 2018 年期权账户截图

从图 2-59 中可以看出，波动率的上升有时候是快速的，但是如果这种高波动率随着标的价格的大幅波动而消失，那么高波动率就会变低或快速回归到常态，在高波动率回归的过程中就是卖方的好机会。如果要赚取波动率下降的收益，且对方向有一定的判断能力，那么单卖轻度虚值期权或平值期权都可以；如果没有对方向的判断能力，就双卖虚值期权和平值期权。

图 2-58　50ETF 购 6 月 2600 合约走势

图 2-59　2018 年波动率指数走势

3. 时间价值衰减

期权都是有到期日的，在一个周期内至少有一半的期权会归零，或者它们原来就是只有时间价值的虚值期权，再或者是既有内在价值又有时间价值的平值期权和实值期权。所以对冲掉方向和波动率的影响后，也可以好好利用赚取时间价值的期权策略。当然，为了安全起见一般是卖两头虚值并不断调整 Delta 为中性或者将 Gamma 也保持中性。这时候还可以用备兑、比率价差、垂直价差来构建组合策略，如此卖出近期或者远期的期权都可以。

4. 箱体边缘的概率

如果期权卖方判断近期行情为箱体振荡，想赚取箱体振荡的利润，则可以考虑卖出两头的虚值期权。

如图 2-60 所示，2018 年 7—11 月，从一个更宽的范围来看，50ETF 的价格在 2.4～2.6 元宽幅振荡。如果认为这种趋势将会保持，则可以卖出箱体顶部和底部之外的行权价的期权，如卖出 50ETF 购 2600 以上和 50ETF 沽 2400 以下的期权，或者可以卖出年线之上、新低以下行权价的期权。若卖出两头虚值的期权，则收获权利金的概率较大。

图 2-60　2018 年 7—11 月 50ETF 走势

当然，在期权卖方的各种选择合约之后，如果要让净值或账户波动小一点，则在面对日内大幅波动时，可采取对冲、反手等各种手段来平滑曲线，以及根据是否看错了方向、超出了边界来更改策略。

5. 把压力支撑位作为参考

在方向性卖方和双卖中，可以简单地把标的的压力位、支撑位作为卖期权的参考。如图 2-61 所示，显示了 50ETF 的 5 日、10 日、21 日、55 日均线，在 2019 年 1～2 月从均线上可以确定这是一个上升的趋势。若想求稳，则可以卖出 10 日、21 日线之下行权价的认沽期权；3 月，50ETF 行情上下震荡，可以卖出前期高行权价的认购期权和 2 月 25 日缺口之下行权价的认沽期权；5 月，在 50ETF 下跌后的震荡过程中，可以分别卖出 5 日、10 日、21 日、55 日线之上行权价的认购期权和前期低点、前期缺口之下行权价的认沽期权。在 A 股市场中，压力位和支撑位的作用还是有效的。

图 2-61　2019 年 1—5 月 50ETF 走势

2.8　策略的运用——以2019年上半年为例

2019 年上半年，50ETF 价格从 1 月初的 2.25 元上涨到 6 月底的 2.95 元，涨幅约 30%，但是有多少期权投资者获得了 3 倍以上的收益呢？

下面结合 50ETF 走势（图 2-62）和波动率走势（图 2-63），分析 2019 年上半年可以使用的最佳期权策略。按 100 万元本金来计算，买方、卖方都按平值期权来买入，其中买方仓位不超过 30%，卖方平值保证金按 4000 元/张计算，加上移仓操作，看看能盈利多少。

图 2-62　2019 年上半年 50ETF 走势和最佳策略

一、1月卖认沽

经过 2018 年 12 月的行情下探,50ETF 价格下跌到了 2.25 元的低位。2019 年 1 月 4 日出现一根上穿 5 日线的放量阳线，然后行情开始逐渐反弹，但是反弹初期的行情涨一天、跌一天，可以看出市场是犹豫的，而且波动率在不断下降，因为投资者觉得反弹只是暂时的，未来行情充满了不确定性。

事实上，虚值认购期权的价格并没有随着标的价格的上涨而上涨，反而横着不动。

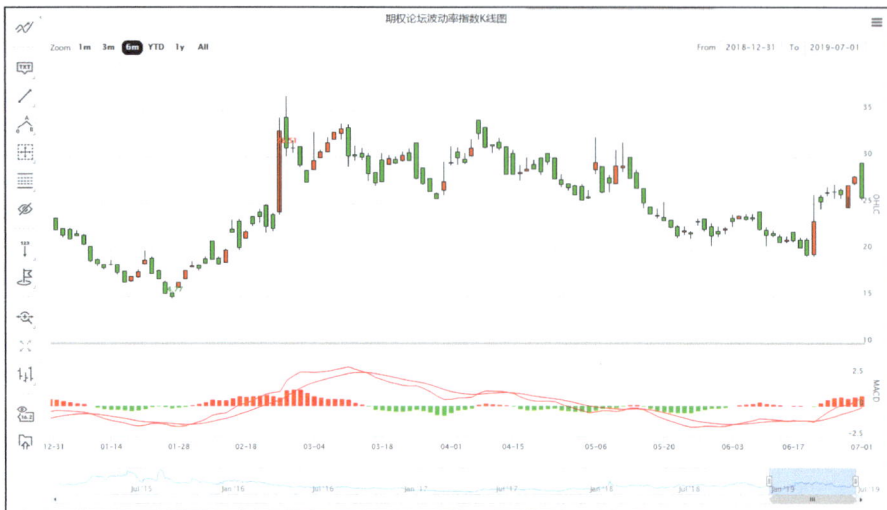

图 2-63　2019 年上半年波动率走势

图 2-64 所示是 50ETF 沽 1 月 2250 合约走势，以 400 元卖出 2250 平值认沽合约，等待归零。图 2-65 所示为笔者当时的操作账户。

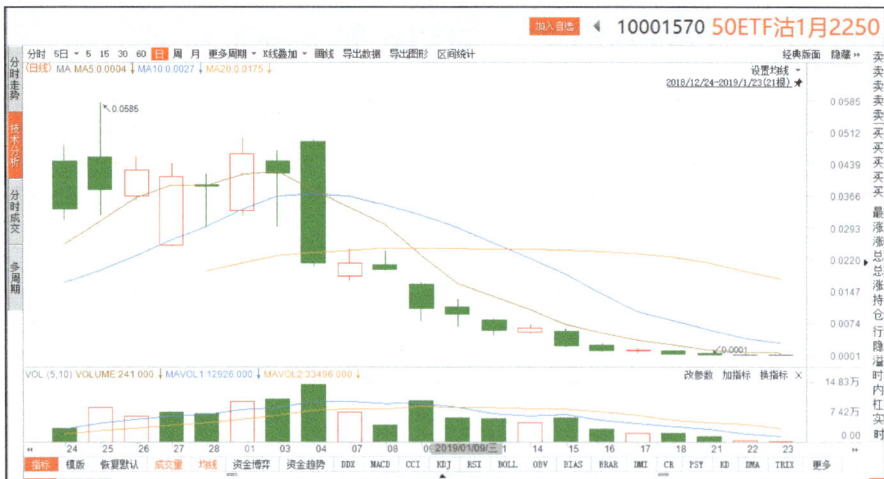

图 2-64　50ETF 沽 1 月 2250 合约走势

▷ 风险度 84.28% 实时风险度 81.09% 风险状态 关注 资金总额 1112304.80 总权益 1137435.80 可用保证金 174810.08 62310.71 期权市值 25131.00 平仓盈亏 203837.10

持仓合约 | 自选合约 | 套利策略 | 备兑股份

合约代码	合约名称	类型	持仓	可平	买入成本价	买入成本	平仓盈亏
10001561	50ETF购1月2250	权利	1	1	-4.1172	-41172.30	42767.30
10001562	50ETF购1月2300	权利	1	1	-1.5938	-15938.30	17055.30
10001563	50ETF购1月2350	权利	100	100	0.0245	24544.00	40756.00
10001564	50ETF购1月2400	权利	102	102	0.0183	18693.60	7112.40
10001570	50ETF沽1月2250	义务	1	1	-2.3509	-23509.30	23506.30
10001571	50ETF沽1月2300	义务	1	1	-3.1656	-31656.30	31647.30
10001572	50ETF沽1月2350	义务	1	1	-1.2784	-12784.30	12753.30
10001573	50ETF沽1月2400	义务	94	94	-0.0261	-24516.20	11732.20
10001660	50ETF沽2月2300	义务	100	100	-0.0262	-26210.00	9210.00
10001661	50ETF沽2月2350	义务	100	100	-0.0350	-34980.00	5680.00
10001662	50ETF沽2月2400	义务	20	20	-0.0559	-11177.00	1617.00
	合计11		521	521		-178706.10	203837.10

图 2-65　笔者个人账户截图

二、2月买认购

2019 年 2 月，春节后期权市场活跃起来，50ETF 价格上涨的速度加快，波动率在 2 月底见底 14%后逐渐反弹上升，这时卖出认沽期权已经没有买入认购期权那么大的优势了。在标的价格上涨时，常常是认购期权价格上涨 30%而认沽期权价格只下跌 8%，这时就要用部分仓位来买入认购期权并将大部分卖出认沽期权变成合成多头，但不是全进全出，因为要避免“全军覆没”。

操作：买入平值购 2 月 2400 合约（图 2-66），仓位为 30%，约为 30 万元，其余 80 万元卖出平值沽 2 月 2400 合约（图 2-67）。1 月 25 日左右以 500 元/张买入购 2 月 2400 合约。2 月 12 日在 50ETF 价格为 2.5 元时以 1200 元/张平仓，所以 30 万元涨到了 72 万元。随后移仓平值 2500 认购、2500 认沽合约，在 2 月 25 日大涨后平仓。

以 550 元/张卖出沽 2 月 2400 合约，在跌到 50 元/张时平仓，200 张合约盈利 10 万元，此时总资金变为 162 万元。

图 2-66　50ETF 购 2 月 2400 合约走势

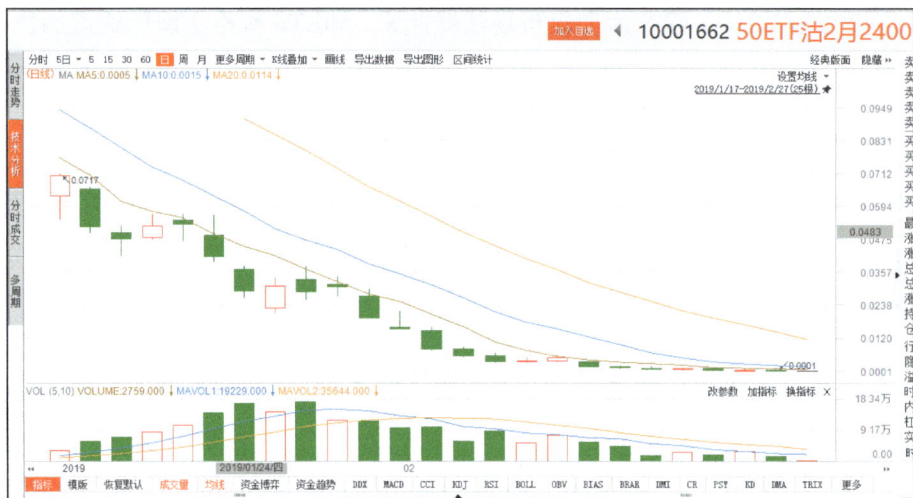

图 2-67　50ETF 沽 2 月 2400 合约走势

2 月 12 日，以 500 元/张买入 50ETF 购 2 月 2500 合约（图 2-68），使用了总资金 162 万元的 30%，约为 50 万元。在 2 月 25 日大阳线出现后，在后一天开盘时以 3000 元/张卖出，50 万元上涨到 240 万元。

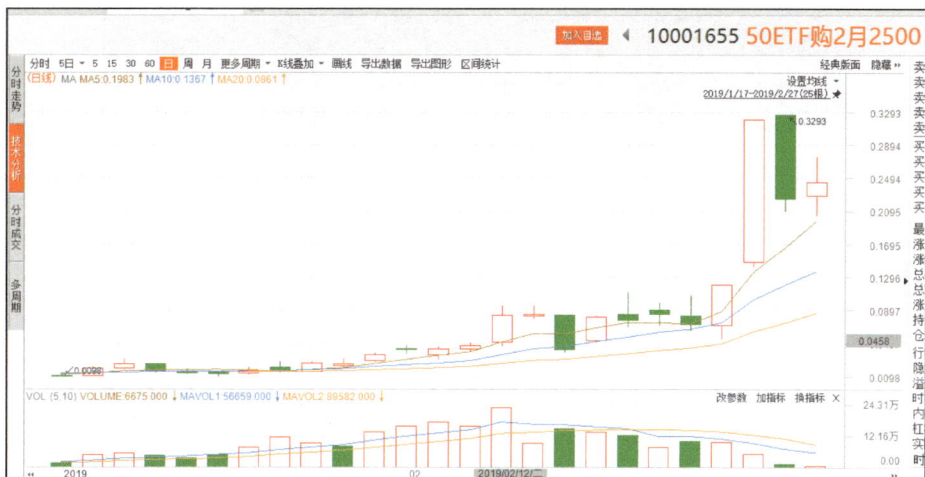

图 2-68　50ETF 购 2 月 2500 合约走势

以 300 元/张卖出沽 2 月 2500 合约（图 2-69），120 万元共卖出 300 张，盈利 10 万元左右，此时总资金变为 270 万元左右。图 2-70 所示为笔者 2 月份账户截图。

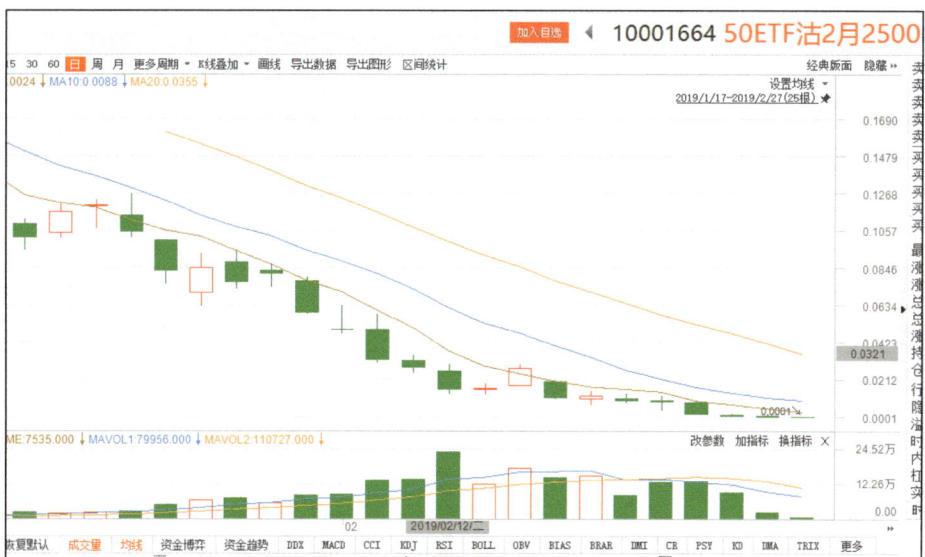

图 2-69　50ETF 沽 2 月 2500 合约走势

▷ 风险度 59.61% 实时风险度 59.61% 风险状态 关注 资金总额 536708.28 总权益 1275767.28 可用保证金 216767.93
178375.09 期权市值 739059.00 平仓盈亏 1200687.60

持仓合约 | 自选合约 | 套利策略 | 备兑股份

合约代码	合约名称	类型	持仓	可平	买入成本价	买入成本	平仓盈亏
10001619	50ETF购3月2700	权利	50	50	0.0992	49608.00	45942.00
10001653	50ETF购2月2400	权利	1	1	-9.7023	-97022.70	101256.70
10001654	50ETF购2月2450	权利	50	50	-0.3656	-182784.40	366784.40
10001655	50ETF购2月2500	权利	100	100	-0.1854	-185439.20	509039.20
10001695	50ETF购2月2650	权利	104	104	0.0865	89912.20	92191.80
10001595	50ETF沽3月2600	义务	50	50	-0.0466	-23300.00	5800.00
10001596	50ETF沽3月2650	义务	70	70	-0.0658	-46080.00	13180.00
10001662	50ETF沽2月2400	义务	1	1	-1.0344	-10344.30	10339.30
10001663	50ETF沽2月2450	义务	1	1	-1.5317	-15317.30	15312.30
10001664	50ETF沽2月2500	义务	1	1	-3.0332	-30332.30	30324.30
10001674	50ETF沽2月2550	义务	1	1	-1.0529	-10528.60	10517.60
	合计11		429	429		-461628.60	1200687.60

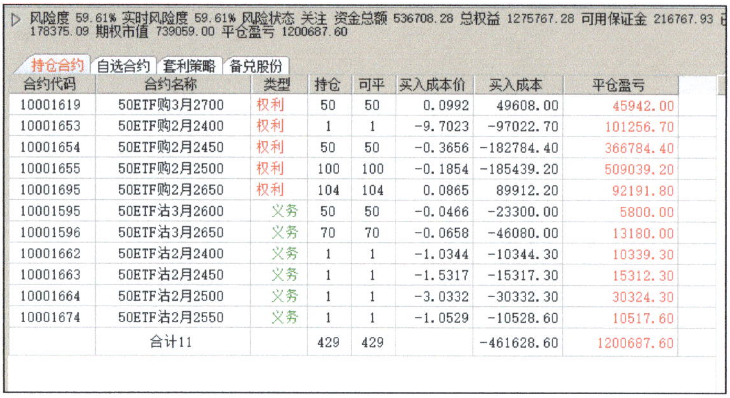

图 2-70　笔者 2 月份个人账户截图

三、3月双卖

在 2 月份大涨之后，投资者的热情被带动起来了，但是行情并未如大家所愿。在 2 月的某一天冲高长上影之后，开始了震荡行情，而且波动率高企，其中一个 3000 虚值认购合约成了“网红”合约。在此情况下，卖出 2 月 25 日阳线顶上的 2800 认购合约，以及阳线实体之下的 2650 认沽合约。

以 1000 元/张卖出购 3 月 2800 合约（图 2-71），用 120 万元卖出 300 张，收益为 30 万元。

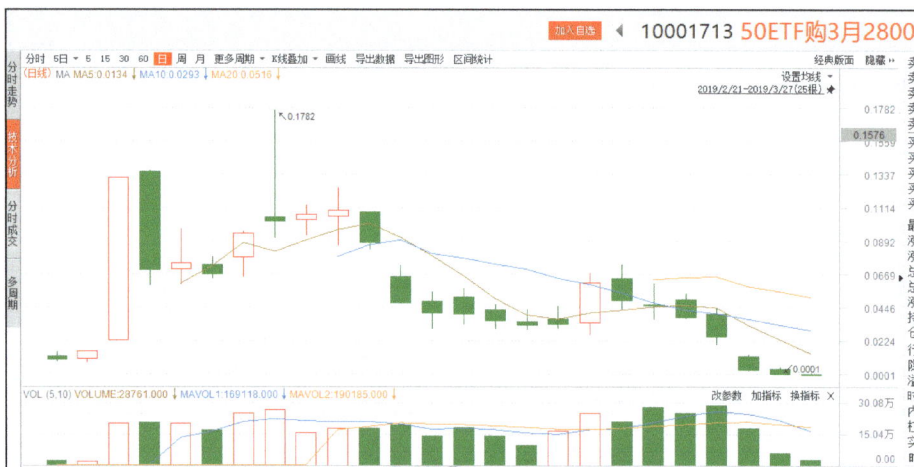

图 2-71　50ETF 购 3 月 2800 合约走势

以 120 万元共卖出 300 张价值为 600 元/张的沽 3 月 2650 合约（图 2-72），获利 18 万元。在 3 月结束时，总资金变为 318 万元，图 2-73 所示为笔者 3 月份账户截图。

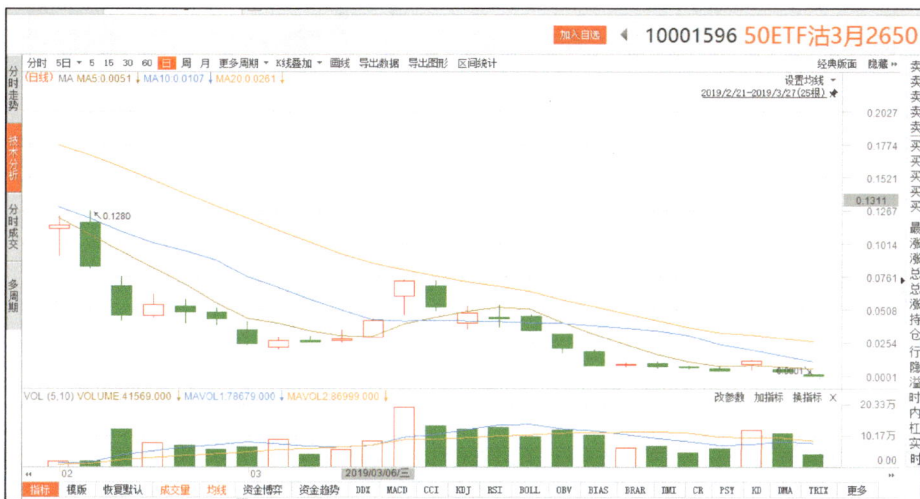

图 2-72　50ETF 沽 3 月 2650 走势

图 2-73　笔者 3 月份个人账户截图

四、4 月比率价差

在 3 月份行情震荡完成之后，4 月份开始了一段上涨行情，50ETF 从 2.7 元快速上涨 10%达到 3 元左右，及时买入 2700 平值认购合约（图 2-74），使用不到仓位 30%的 70 万元买入 700 元/张的购 4 月 2700 合约，在上涨到 3000 元/张时进行平仓，市值变为 300 万元，获利 230 万元。

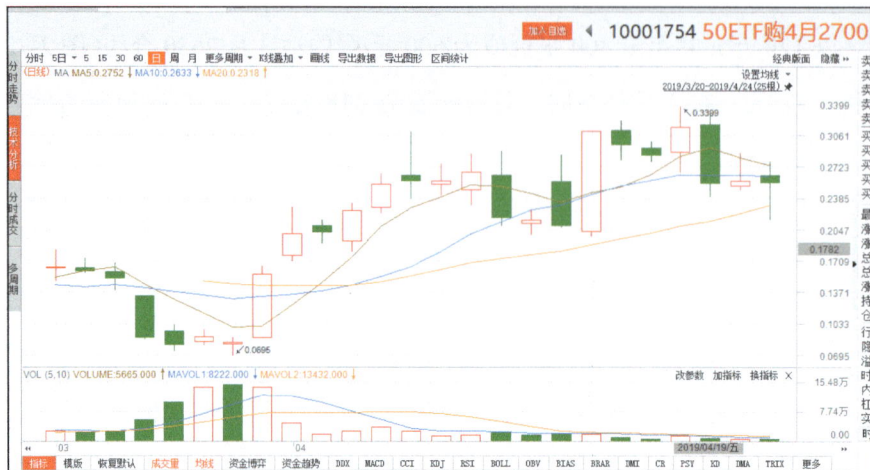

图 2-74　50ETF 购 4 月 2700 合约走势

在行情高位震荡时，若看到 50ETF 难以突破 3.1 元，则卖出购 4 月 3000 合约（图 2-75）与 2700 认购合约合成比率价差策略。用 240 万元卖出 600 张价格为 500 元/张的 3000 认购合约，归零后获利 30 万元，此时资金上涨到 580 万元左右。图 2-76 所示为笔者 4 月份账户截图，可惜没有卖出 3000 认购合约。

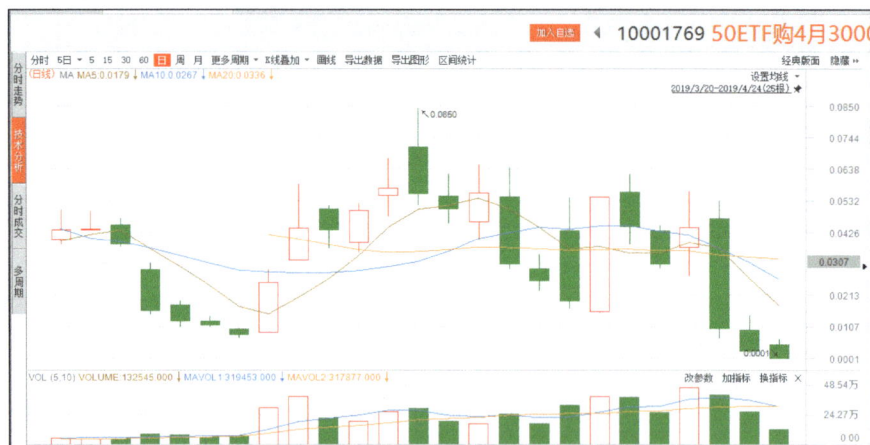

图 2-75　50ETF 购 4 月 3000 合约走势

合约代码	合约名称	类型	持仓	可平	买入成本价	买入成本	浮动盈亏
10001755	50ETF购4月2750	权利	1	1	-13.6703	-136703.30	139432.30
10001757	50ETF购4月2850	权利	100	100	0.2048	204796.00	-30896.00
10001764	50ETF沽4月2750	义务	1	1	-6.8686	-68686.30	68679.30
10001766	50ETF沽4月2850	义务	1	1	-4.2135	-42135.30	42120.30
10001767	50ETF沽4月2900	义务	1	1	-2.9044	-29044.30	29012.30
10001768	50ETF沽4月2950	义务	1	1	-1.1602	-11602.30	11516.30
10001770	50ETF购4月3000	义务	6	6	-0.3282	-19690.80	18346.80
10001769	50ETF购4月3000	权利	150	150	0.0616	92344.40	-23044.40
10001794	50ETF沽5月3000	义务	125	125	-0.0795	-99377.00	-2623.00
	合计9		386	386		-110098.90	252543.90

风险度 99.74% 实时风险度 99.26% 风险状态 强平 资金总额 644907.21 总权益 787352.21 可用保证金 1658.85
0.00 期权市值 142445.00 平仓盈亏 249220.90

图 2-76　笔者 4 月份个人账户截图

五、5 月先卖认购，再双卖

4 月底，50ETF 价格在 3 元左右徘徊，无力创出新高，这时先全仓卖出购 5 月 3000 合约（图 2-77），恰逢"五一"劳动节，跳空低开。4 月底卖认购赚钱，买入认沽不赚钱，5 月初买入认沽赚钱，但是回吐很快，所以还是卖认购比较稳妥。以 560 万元卖出 1000 元/张的 3000 认购合约 1400 张，在 100 元/张时平仓，获利约 120 万元，此时资金变为 700 万元。

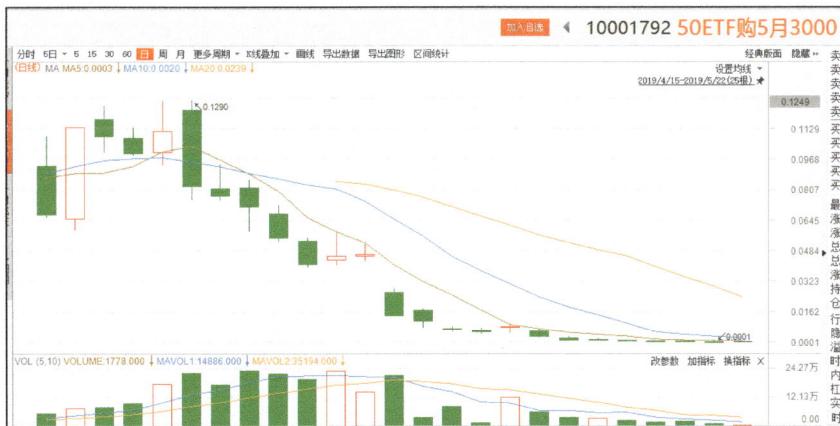

图 2-77　50ETF 购 5 月 3000 合约走势

5 月初，行情结束了快速下跌的局面，但下方有底，上方有顶，在 5 月 9 日下影线之后卖出沽 5 月 2700 合约（图 2-78）和购 5 月 2800 合约（图 2-79），认沽和认购的比例约为 2∶3。

图 2-78　50ETF 沽 5 月 2700 走势

图 2-79　50ETF 购 5 月 2800 走势

5 月 9 日以 280 万元卖出 700 张价格为 500 元/张的 2700 认沽合约，归零后获利 35 万元。

5 月 9 日以 400 万元卖出 1000 张价格为 300 元/张的 2800 认购合约，归零后获利 30 万元，此时资金变为 765 万元。图 2-80 所示为笔者 5 月份个人账户截图。

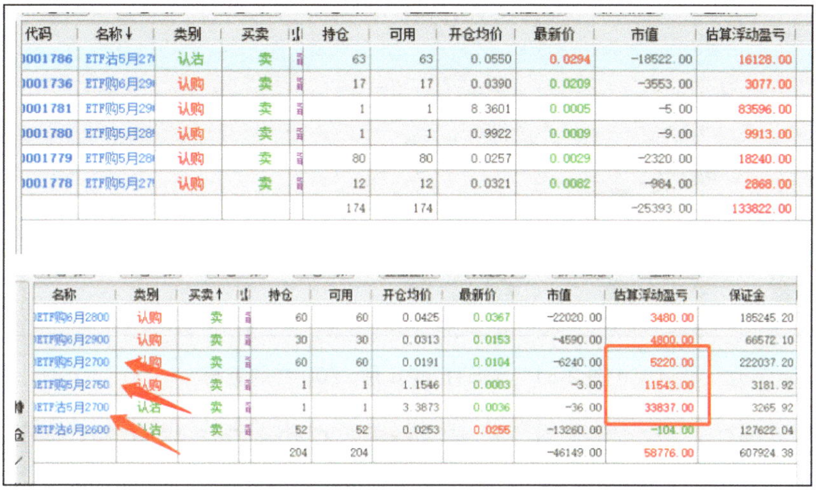

代码	名称↓	类别	买卖	出	持仓	可用	开仓均价	最新价	市值	估算浮动盈亏
001786	ETF沽5月27	认沽	卖		63	63	0.0550	0.0294	-18522.00	16128.00
001736	ETF购6月29	认购	卖		17	17	0.0390	0.0209	-3553.00	3077.00
001781	ETF购5月29	认购	卖		1	1	8.3601	0.0005	-5.00	83596.00
001780	ETF购5月28	认购	卖		1	1	0.9922	0.0009	-9.00	9913.00
001779	ETF购5月28	认购	卖		80	80	0.0257	0.0029	-2320.00	18240.00
001778	ETF购5月27	认购	卖		12	12	0.0321	0.0082	-984.00	2868.00
					174	174			-25393.00	133822.00

名称	类别	买卖↑	出	持仓	可用	开仓均价	最新价	市值	估算浮动盈亏	保证金
ETF购6月2800	认购	卖		60	60	0.0425	0.0367	-22020.00	3480.00	185245.20
ETF购6月2900	认购	卖		30	30	0.0313	0.0153	-4590.00	4800.00	66572.10
ETF购5月2700	认购	卖		60	60	0.0191	0.0104	-6240.00	5220.00	222037.20
ETF购5月2750	认购	卖		1	1	1.1546	0.0003	-3.00	11543.00	3181.92
ETF沽5月2700	认沽	卖		1	1	3.3873	0.0036	-36.00	33837.00	3265.92
ETF沽6月2600	认沽	卖		52	52	0.0253	0.0255	-13260.00	-104.00	127622.04
				204	204			-46149.00	58776.00	607924.38

图 2-80　笔者 5 月份个人账户截图

六、6月下旬买购

6 月上旬延续 5 月份双卖策略，但波动率已有较大幅度的下降，所以该策略效果已经不明显了。在 6 月下旬行情上涨时，构建合成多头策略。

6 月 10 日，行情下跌趋势结束，波动率低到 19%的位置，期权价格很低，此时看涨。用 30%的仓位买入平值 2700 认购合约，随后标的价格上涨到 2.8 元，移仓 2800 认购合约，其余卖出 2800 认沽合约。

6 月 10 日以 200 万元买入 600 元/张的平值购 6 月 2700 合约（图 2-81），在行情出现两根阳线后以 1200 元/张进行平仓，利润为 200 万元。

在第一个阳线后的末端，以仓位的 30%的 300 万元买入 400 元/张的平值购 6 月 2800 合约（图 2-82），当上涨到 1400 元/张时进行平仓，获利 2.5 倍，合计盈利 750 万元。

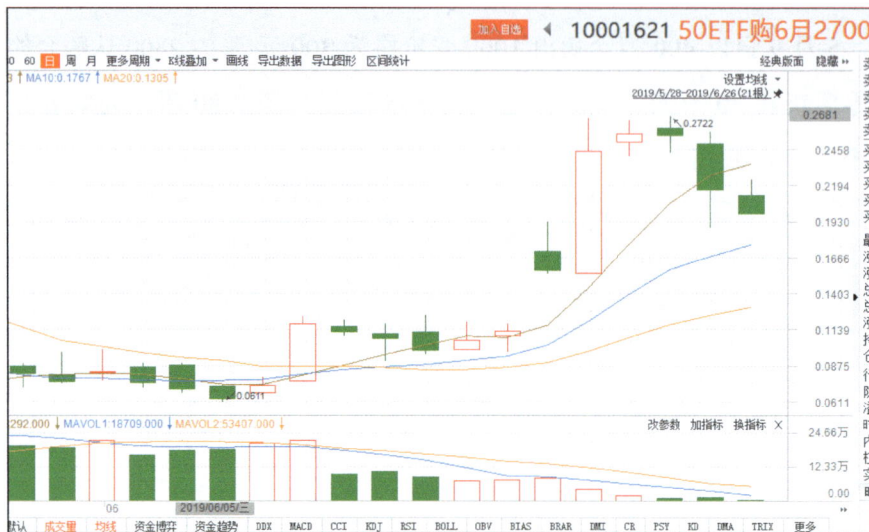

图 2-81　50ETF 购 6 月 2700 合约走势

图 2-82　50ETF 购 6 月 2800 合约走势

其余 520 万元卖出 1300 张价格为 1000 元/张的沽 6 月 2800 合约（图 2-83），归零后获利 130 万元，截至 6 月结束，资金增加到 1645 万元。图 2-84 和图 2-85 所示为笔者 6 月份账户截图。

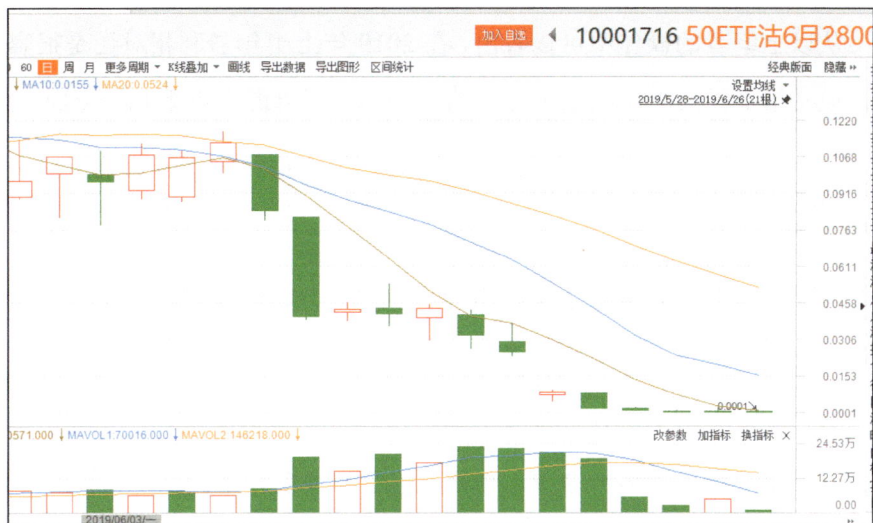

图 2-83　50ETF 沽 6 月 2800 合约走势

合约代码	合约名称	类型	持仓	可平	买入成本价	买入成本	浮动盈亏
10001621	50ETF购6月2700	权利	1	1	−2.8786	−28786.10	30821.10
10001735	50ETF购6月2850	权利	1	1	6.2747	62747.00	−62175.00
10001741	50ETF沽6月2950	权利	1	1	−0.7681	−7681.00	8175.10
10001746	50ETF沽9月3000	权利	32	32	0.0915	29287.60	9496.40
10001708	50ETF沽6月2750	义务	1	1	−2.3237	−23237.30	23234.30
10001736	50ETF购6月2900	义务	50	50	−0.0437	−21855.00	12655.00
10001739	50ETF沽6月2850	义务	1	1	−0.3172	−3172.30	3146.30
10001740	50ETF沽6月2900	义务	35	35	−0.0129	−4505.00	−185.00
	合计8		122	122		2797.80	25168.20

图 2-84　笔者 6 月份账户截图（1）

图 2-85　笔者 6 月份账户截图（2）

从以上笔者的操作中可以看出，在 2019 年上半年盈利相对还是很容易的，但是很多投资者都错过了盈利的机会，原因可能有以下几个方面。

（1）期权有时间价值，很多买方看对了方向但忽略了时间价值，所以依然亏钱；

（2）行情并不是连续上涨，中间有一些反复、横盘等，投资者在遇到行情转变时来不及调整策略而错过盈利；

（3）大多数投资者认为期权是一个适合短期投机的品种，喜欢进进出出，以至于浪费了很多手续费，也错过了很多盈利行情；

（4）操作不当。在盈利后移仓时，如果刚好碰上波动率处于高位，或者遇到趋势反转，那么前面的盈利资金很快就会被收回去。

第 3 章

3

期权卖方的核心思想

3.1 卖期权是一门生意

笔者在向别人介绍卖出期权的特点时,经常以实际生活中的做生意(比如开店、出租门面、卖货等)来比喻做期权卖方,两者唯一的区别是期权卖方采取的是时间的倒叙,即先卖货(收取期权费),再进货(平仓)。除此之外,做生意与做期权卖方有很多相似的地方。

3.1.1 卖方交易周期明确

假如在市区开了一家百货商店,每个月都会做一次盘点,以检查账面库存与实际库存是否有出入,以及这个月的盈亏情况,同时可以根据最新的市场流行动向来确定下个月的进货名录。

期权卖方的交易周期基本上也以月度为基础，即主要做当月合约（近月合约）。因为当月合约流动性好，报价高，最重要的是在短期内市场的主线比较清晰，而做两个月以上的期权合约（远月合约）的话，市场的不确定性更大。因此除非是长期配置仓位，或者是市场对远期合约的定价出现明显错误，否则应较少交易远月合约品种。如图 3-1 所示，近月合约是投资者交易的主战场，而远月合约的持仓量需要随着时间的积累才能上升。

图 3-1　50ETF 期权近月与远月持仓量

投资者在每月建仓时，应主要思考市场在未来一个月的主线，因为市场在短期内主要以资金面和技术面为重，所以要判断各大指数所处的区间和短期市场行情的相对强弱。随着当月的时间一天天流逝，各种新的冲击也会加入进来，这时就需要佐证或者推翻原有的逻辑，也需要对持仓的合约数量甚至方向进行改变。当临近交割周时，将不值钱的卖方合约进行平仓，以防止反向的大幅波动。在交割周前后，对继续持有的仓位进行换月移仓，这就完成了一个交易周期的所有交易工作。

3.1.2　潜在盈利清晰，潜在亏损需及时关注

对于期权卖方而言，如果在建仓之后行情稳定，那么此笔交易的潜在盈利大致就是确定的，因为卖出期权收到的权利金大致决定了盈利的空间。这也好比在做生意时，进货的成本是清晰的，但卖货的价格可能是变动的。等到行情向有利方向变动和时间流逝之后，当期权价格下跌到几十元以下时，就可以进行平仓。但是，若行情走向不利的方向，则要再具体分析。

如果在建仓完成一段时间后行情才启动，那么此时之前的仓位应已有浮盈，主要来源是时间价值的衰减。此时，首要任务是判断行情的性质，若认为行情是趋势性的转变，则可以在成本价以下的位置做好止盈，以保证这笔交易不会亏损，然后进行反向开仓，或者买入与行情方向一致的期权头寸做对冲。

如果在建仓之后没多久就出现了不利行情，时间价值无法做缓冲，且浮亏不可避免，那么此时应果断进行对冲，或者进行减仓操作。特别是当进入月中旬，时间价值所剩无几时，反向行情对卖方的负面冲击会很大，容易导致严重的浮亏。

3.1.3　多样化持仓与仓位控制是关键

假如我们要开店，那么即使开一个小小的便利店，也可以做到吃喝、家用等产品无所不包，可谓"麻雀虽小五脏俱全"。期权卖方策略的持仓也如此，首先应留足富余的资金准备在未来"进货"，或者为暂时的不利行情做资金上的准备，这样不至于被迫砍仓。在生意场上，有时会遇到交易对手因自身资金流动性的原因，将自己手中的货低价大甩卖，此时有资金的

一方低价买到这些货就是赚到了，期权的卖方也可能会遇到类似的机会。例如，卖出认沽期权就是一个相对保守的逢低进货的"生意"。如果指数 ETF 价格下跌不到行权价，那么卖方可以坐享每月 2%以上的权利金收入；如果指数 ETF 价格大跌，卖方可以被行权，则买入对应的 ETF 标的，待市场行情回升时再卖出。

其次，卖方在不同的期限、行权价都可以进行开仓配置。若对自己的判断不那么确定，则可以开更虚值的仓位，以追求更高的容错性；若对行情的演变方式有信心，则可以开设行权价更贴近现货价格的仓位。此外，牛熊价差、比率价差、铁鹰等策略可以任投资者选择。投资者只要掌握了做卖方"生意"的基本技巧，就可以在各种各样的行情中生存，并获取稳健的利润。

3.2　大势研判：影响市场行情的"5碗面"

正如第 2 章所说，期权本身只是一种投资工具，而无论是对于买方还是对于卖方，现货标的才是最关键的因素。脱离现货走势的期权行情，只能是昙花一现，最终都会被市场的力量所纠正。

在期权交易中，对现货判断的关键是要做好 5 个方面的准确研究，这 5 个方面也就是所谓的影响行情的"5 碗面"：基本面、政策面、资金面、技术面、外部因素面。其中，基本面对期权的影响的时间是最长的；政策面、资金面对期权的影响范围很广，从短期到长期对行情走势都有深刻的影响；技术面用于对期权从短期到中期的判断；而外部因素面最为复杂多变，以不同的方式体现在前面几个因素中。

3.2.1　基本面

基本面主要指的是股市的估值水平。自 1991 年上证指数发布以来，我国资本市场已经走过了近 30 年的风雨征程。在市场初创期，总市值相对较小、规则不完善、专业投资者较少，因此暴涨、暴跌的情况时有发生。但近年来，随着市值总量不断攀升、交易规则日趋严格和完善，专业投资者的比例显著提高。基本面研究主要是将当前指数 ETF 的估值水平和近年来的总体波动区间做比较，来衡量当前指数 ETF 的估值高低。

以上证 50 指数为例，整体来看自 2015 年以来上证 50 指数的历史估值水平，可以判断当前股市水平在长周期内所处的位置。截至 2018 年 12 月 20 日，上证 50 的 PE 值（市盈率）为 8.65，低于 2008 年金融危机时期的 PE 值，整体来看 8.65 的 PE 值处于历史极低估区间，如图 3-2 所示。

上证50 (000016.SH) - 历史PE/PB

图 3-2　上证 50 指数走势与历史 PE 值（2005—2018 年）

此外，有观点认为当股市行情走低时，往往伴随着经济增速的回落，因此 PE 值是不准确的，因为未来的预期盈利水平会下降，所以用 PB 值（平均市净率）来看企业的估值会更准确、更稳健。特别是上证 50 指数以金融股为主，每股净资产比小盘股的净资产要高，且相对清晰、合理。那么，PB 的估值水平如何呢？如图 3-3 所示，截至 2018 年 12 月 19 日，上证 50 的 PB 值为 1.09，处于历史分位数 2% 以下的水平。在这个大前提下，股市估值水平处于低估区间应是较为确定的。

图 3-3　上证 50 指数走势与历史 PB 值（2005—2018 年）

但是股市估值水平在进入低估区间之后，并不能保证股价马上就上涨。回顾 2013—2014 年的行情，上证 50 指数的 PB 值在 2013 年 6 月创下了 1.26 的历史低位，但其在随后的近一年中继续震荡寻底，最终在 2014 年 5 月创下了 1.08 的历史最低水平。在 2018 年之后的行情，也不排除会复制 2013—2014 年的走势。在未来一段时间内市场走势可能仍然偏弱，使得市场从"杀估值"的阶段变成"杀业绩"的阶段。在这个阶段中，估值可能暂时见底，但随着预期盈利的减少会导致企业实际经营业绩走弱，进而指数反弹的空间也不会太大。但随着上证 50 成分股净资产的不断积累，上证 50 指数对股票价格的支撑会越来越强。

3.2.2　政策面

政策面是指国家的货币、财政、产业政策等方面，在股票市场中，无论是做短期、中期还是做长期投资，受政策面的影响都很大。早在 1996 年，就有证监会的"十二道金牌"来遏制股市被狂热炒作，结束了股市的"疯牛"行情。在 2008 年年底连续下跌的股票市场也被稳定住，随后股市迎来了 2009 年的"小阳春"行情。自 2015 年股市受挫以来，市场受政策面的影响依然很大。产业政策也可以作用于具体板块，如新能源汽车、光伏、环保、5G 等板块。因此，对政策的把握是研究股市很重要的方面。由于产业政策的专业性较强，而且其对交易指数期权的影响是间接的，因此我们重点研究财政政策和货币政策对指数期权的影响。

1. 财政政策

财政政策是指政府用来分配财政收入、制订税收计划和融资计划的方针。政府通过财政政策干预经济，实现对经济波动的逆周期调节。成功的财政政策可以起到减缓经济大幅波动的作用。在笔者看来，税收政策和政府融资计划对资本市场都有直接的影响。

税收政策主要影响企业盈利和居民的实际收入。例如，自 2018 年下半年以来，国家一直在对市场执行预期的减税政策，包括企业流通环节的税收和居民所得税等。这些政策的落地，对于企业盈利和提高居民的消费速度都会起到明显的促进作用，从而利好股市。还有一些与股市直接相关的财政政策，包括印花税政策、规费政策等，它们通过降低交易成本、提高市场的活跃程度来增加市场成交量。

政府融资计划主要是指债券的发行计划。政府债券和国家开发银行等政策机构的债券净发行量的上升，将会为重大项目和基建投资提供资金，进而增加相应项目的投入，同时利好相关公司的业绩。

2. 货币政策

货币政策是指央行控制、调节货币供应量和信用投放的政策和措施，在这里我们主要关注央行的数量政策和价格政策。

数量政策是指调控货币供应数量的政策，如存款准备金率、公开市场净投放、中期借贷便利（MLF）等。其中，存款准备金率是相对长期的政策，一旦确定调升或者调低的方向，对该政策的实施就可能会持续一年以上的时间（图 3-4）。因此，存款准备金率也在一定程度上指引了货币政策的方向，即方向是偏紧的还是偏松的。

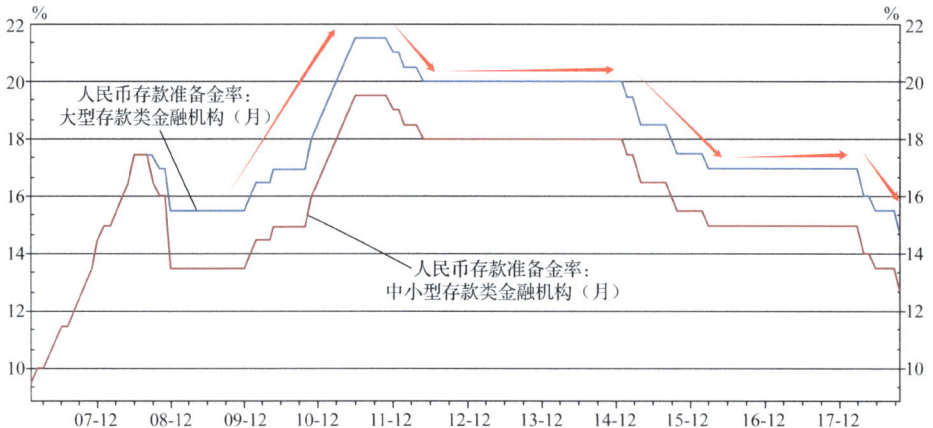

图 3-4　人民币存款准备金率

价格政策是央行调控资金价格的政策，也就是通过基准利率影响金融市场定价，主要包括存贷款基准利率、公开市场利率、MLF 利率等。在利率市场化之后，存贷款基准利率的重要性有所削弱，而后两种利率的相对重要性有所加强。自 2017 年以来，美联储在加息周期中连续提高基准利率，而中国央行并未调整存贷款利率，而是在公开市场、MLF 利率方面进行小幅跟进，7 天和 14 天逆回购利率、MLF1 年期利率逐渐成为央行货币政策意图的重要体现，如图 3-5 所示。

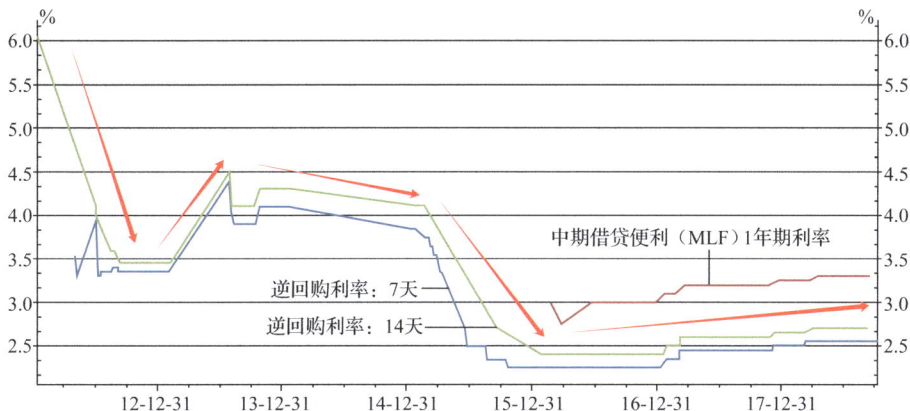

图 3-5　货币政策——基准利率

3.2.3　资金面

货币政策影响整个资本市场的长期资金面，股市的资金面则主要受更贴近股票、基金市场的具体因素的影响，如新基金发行情况、公募仓位、债券（交易所回购）收益率、两融或配资情况、大股东回购、股票质押、限售股解禁等。下面列举几个例子。

新基金发行情况可以佐证股市在当前时点上、在大众资产配置中的相对位置。例如，当投资者的情绪高涨时，大量资金就会争先恐后地入市，公募基金的大型产品将会受到追捧。但历史曾多次证明，这种巨无霸基金的实际业绩未必能让人满意。例如，2018 年年初募集成功的某头部基金，募集金额超过 300 亿元，但上市以后的业绩却较为惨淡，如图 3-6 所示。反之，当投资者对股市、基金等名词避之不及，股票基金募集屡屡失败时，往往市场就进入了底部区间。

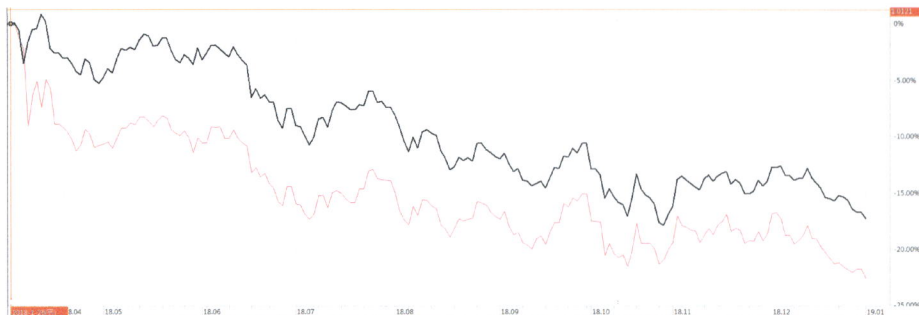

图 3-6 某大型股票基金净值表现（2018—2019 年）

债券收益率可以从另一个侧面反映股市的投资价值。固定收益类产品是能提供稳定收益的资产，其与高股息的股票具有一定的相互替代性。如果债券收益率不断走低，那么股票的吸引力就会上升（图 3-7）。2014 年，在债券市场出现牛市半年多之后，蓝筹股和可转债市场也迎来了牛市。自2018 年以来，以 10 年期政策性金融债券为代表的长期利率债券的收益率下行了 130bp，这对高分红股、蓝筹股的估值能够起到支撑的作用。

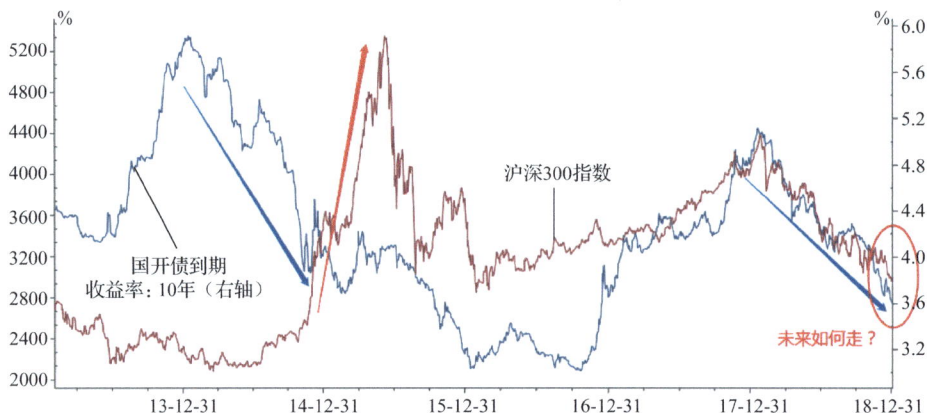

图 3-7 10 年期国开债收益率与沪深 300 指数

此外，还有一些资金面的雷区，如融资融券、配资、大股东质押的杠杆资金。在牛市或震荡市时，这些矛盾并不凸显，而当市场加速下跌时，这些杠杆式持仓将会被迫减仓以满足担保要求，在极端情况下甚至会清仓式卖出，这就带来了"卖出—价格下跌—进一步被迫卖出"的恶性循环，投资者在此时切忌盲目抄底。

3.2.4　技术面

技术指标在短线及中线投资中具有重要的作用。在实战中，趋势性投资者运用技术指标也取得过较好的成绩。具体到期权市场中，可以以均线系统作为交易系统的核心部分进行趋势性的卖方投资。例如，当 50ETF 近期的价格处于年线以下时，投资者则主要考虑逢高卖购、熊市价差、比率看跌等策略；当 50ETF 近期的价格处于年线以上时，投资者则主要考虑趁下跌卖沽、牛市价差、比率看涨等策略。这类策略主要是遵从趋势交易的逻辑。

在趋势性下跌的市场中，空头浮盈满满，如果投资者选择做多，进行左侧交易，则属于逆势而动，胜率自然较低。如图 3-8 所示，从 2018 年下半年到 2019 年年初，50ETF 的长期均线不断下压，此时最好的走势是震荡，同时还需要防止因为市场总是突发利空而出现的跳空下杀的情况，此时使用偏做多的策略来盈利是较为困难的。当等到中期均线逐渐走好时，

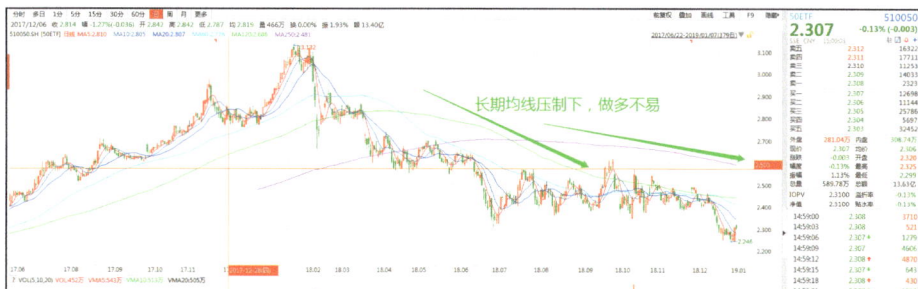

图 3-8　50ETF 日线走势

多空双方进入战略相持期，这意味着空方不再占据优势，而多方不断有左侧抄底的"生力军"抵达战场，此时做多的胜率将被逐渐提高。

在期权卖方短线交易中，择时的关键指标主要是日内分时图的均线、30 分钟线和 60 分钟线。短期均线系统应用的逻辑和长期均线系统的应用逻辑类似，在不同的时间级别下，判断中期趋势的发生、发展、爆发、转折路径，进而提高交易的胜率。

3.2.5 外部因素面

自 2014 年以来，A 股市场在国际化的进程中逐渐深化，具体表现为以下三点。

一是开通了沪港通、深港通，将大中型市值的股票互联互通，使得外部投资者购买 A 股、中国内地投资者购买港股都成为可能。截至 2019 年 1 月，沪市港股通、深市港股通累计流入资金分别超过了 5200 亿元和 1900 亿元，合计流入资金超过 7200 亿元（图 3-9）。

二是 A 股不断被纳入国际证券基准指数。2018 年 6 月，明晟公司（MSCI）宣布正式将 A 股纳入 MSCI 新兴市场指数，纳入因子（一个衡量权重度大小的指标）在 9 月份提高至 5%，未来有可能提高至 20%。2018 年 9 月，富时罗素指数（FTSE Russell）公司宣布将 A 股纳入富时全球指数，预计至 2020 年 3 月，A 股在新兴市场指数中的权重可达 5.51%。2019 年 9 月，标普道琼斯指数公司（S&P Dow Jones Indices）将 1099 家中国 A 股上市公司纳入标普新兴市场指数 BMI，并于 2019 年 9 月 23 日起生效。

随着 A 股市场的国际影响力逐渐增大，将会有大量的资金流入，同时也会受到国际金融市场更多的影响。

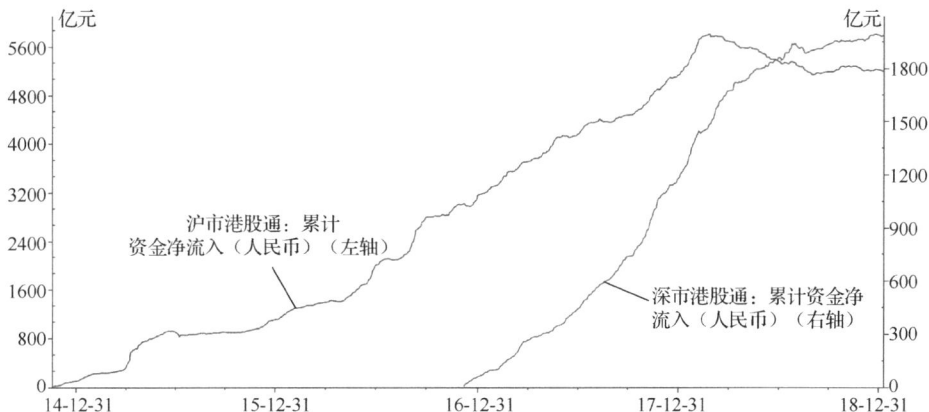

图 3-9　沪市、深市港股通累计流入金额

三是国际知名的证券基金公司陆续布局 A 股。诸如，桥水（Bridge Water）、先锋（Vanguard）等机构，纷纷都在中国设立分公司，并开始进行二级市场股票投资业务。

外资不断进入 A 股市场，一方面为 A 股带来了资金流入，另一方面也分享了对市场的定价权。例如，自 2018 年以来，由于陆港通资金头寸变动等原因，沪深 300 指数频繁出现隔夜跳空高开或者低开的情况。A 股的许多投资者早上起来第一件事就是看前一夜的美股行情如何，在 A 股开盘以后也要关注新加坡 A50 指数、日股开盘、港股开盘等，进而在集合竞价时就进行抢先交易。2018 年是沪深 300 指数隔夜大幅跳次数第二多的年份，全年跳空交易日为 29 个，仅次于市场有大幅波动的 2015 年，如图 3-10 所示。

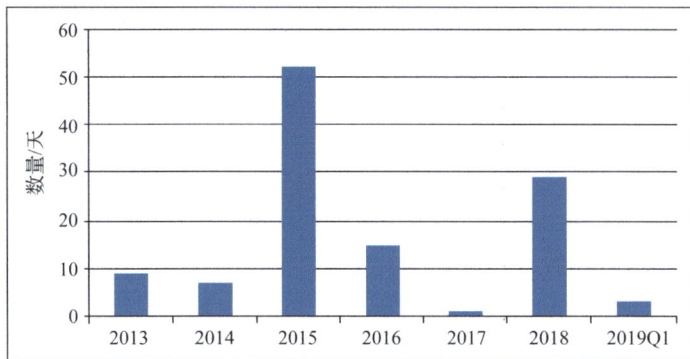

图 3-10   沪深 300 指数开盘跳空 1%以上的交易日数量

3.3   与时间为友——期权卖方的时间周期律

作为期权的卖方,在做交易时,最需要关注的两个方面是时间和波动率。在这两者中,时间的流逝是确定的,但行情在期权存续时间内的走势是不确定的;期权隐含波动率的数值是确定的,但未来的波动方向是不确定的。这也是接下来主要探讨的内容。

如第 1 章所述,期权的价值由两部分组成:时间价值和内在价值(图 3-11),其中时间价值是期权价格比内在价值高的部分。对于虚值期权而言,内在价值为零,时间价值是期权的全部价值。期权的买方在买入期权后,就开始经受一分一秒的时间流逝,期权的价值也遭到侵蚀;而期权的卖方则相反,卖出期权相当于做时间的朋友,只要行情不出现大的变动,就可以实现"躺赢"。

尽管我们知道,期权的时间价值随着时间的流逝会逐渐衰减,但并不是说随时随地卖出期权就可以安稳地获取这部分利润。如果以一个月为一个交易周期的话,那么期权的时间价值的变动并不是简单地线性变动,而是存在周期性。在一个月度的交易时间中,期权的存续期一般为 4 周,有少数月度期权的存续期为 5 周，我们把存续期为 5 周的期权称为"长月期权"。存续期一般可以分为 3 个阶段：初始期、快速衰减期和末期（图 3-12）。

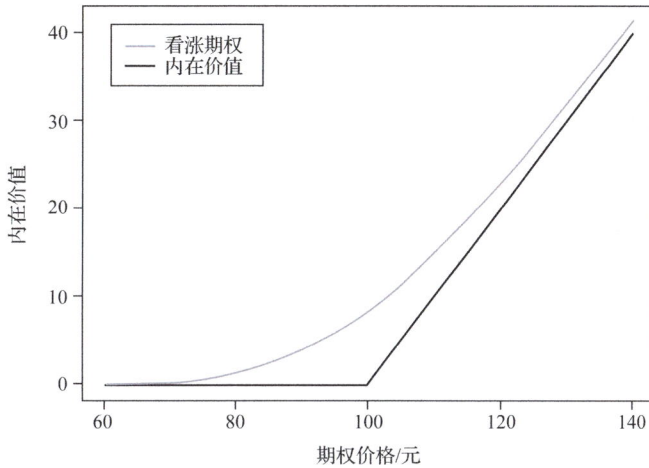

图 3-11 期权价格与内在价值

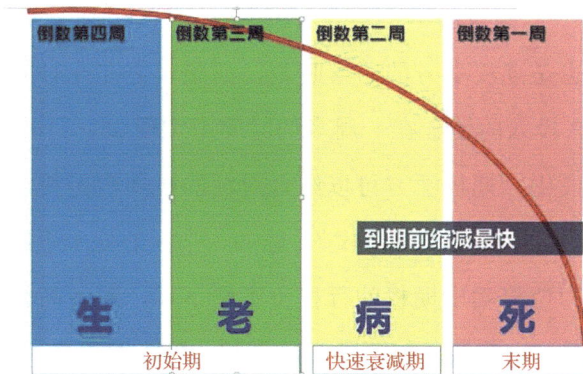

图 3-12 期权时间价值的变动

期权合约在交割日实现换月后，前 1.5～2 周的交易日为交易的初始期。此时，期权的时间价值衰减得较慢，如果波动率和标的不出现较大的变化，那么虚值期权就可以保存大部分的时间价值。在这个阶段中，卖方赚取时间价值并不是一件轻松的事，更要看准方向才能安全获利。注意，长月期权的初始期可能顺延至 2.5～3 周。

在初始期之后，期权合约进入快速衰减期。大概的时间是从合约到期前的第 2 周（或到期前第 10 个交易日附近）开始，至到期前一周的周末为止。此时，会经常出现大盘日内涨跌幅度在 1%以内，即使买方看对了方向，其盈利也可能不超过 20%，甚至出现不盈利的情况，即屡屡出现认沽期权和认购期权同时下跌的行情，如图 3-13 所示。

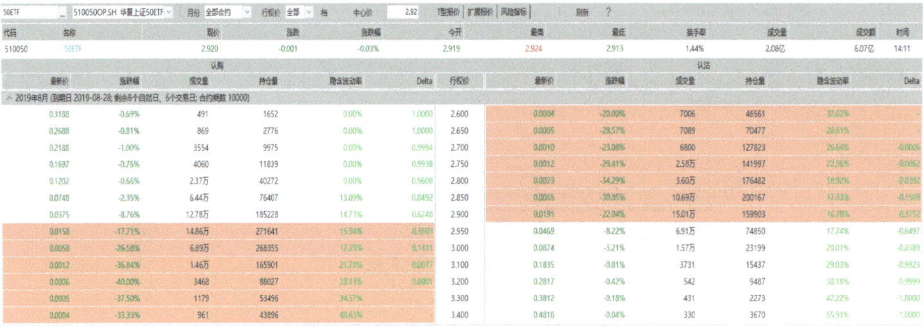

50ETF	510050OP.SH 华夏上证50ETF	月份 全部合约	行权价 全部 档	中心价 2.92	T型报价	扩展报价	风险指标	刷新 ?

代码	名称	现价	涨跌	涨跌幅	今开	最高	最低	换手率	成交量	成交额	时间
510050	50ETF	2.920	-0.001	-0.03%	2.919	2.924	2.913	1.44%	2.08亿	6.07亿	14:11

认购							认沽					
最新价	涨跌幅	成交量	持仓量	隐含波动率	Delta	行权价	最新价	涨跌幅	成交量	持仓量	隐含波动率	Delta
2019年8月 (到期日 2019-08-28; 剩余8个自然日、6个交易日; 合约乘数 10000)												
0.3188	-0.69%	491	1652	0.00%	1.0000	2.600	0.0004	-20.00%	7006	46561	32.62%	-
0.2688	-0.81%	869	2776	0.00%	1.0000	2.650	0.0005	-28.57%	7089	70477	28.81%	-
0.2188	-1.00%	3554	9975	0.00%	0.9994	2.700	0.0010	-23.08%	6800	127823	26.66%	-0.0006
0.1697	-0.76%	4060	11839	0.00%	0.9938	2.750	0.0012	-29.41%	2.58万	141997	22.36%	-0.0062
0.1202	-0.66%	2.37万	40272	0.00%	0.9608	2.800	0.0023	-34.29%	3.60万	176482	18.92%	-0.0392
0.0748	-2.35%	6.44万	76407	13.89%	0.8492	2.850	0.0065	-30.85%	10.69万	200167	17.33%	-0.1508
0.0375	-8.76%	12.78万	185228	14.73%	0.6248	2.900	0.0191	-22.04%	15.01万	159903	16.70%	-0.3752
0.0158	-17.71%	14.86万	271641	15.94%	0.3503	2.950	0.0469	-8.22%	6.91万	74850	17.74%	-0.6497
0.0058	-26.58%	6.89万	268355	17.25%	0.1411	3.000	0.0874	-3.21%	1.57万	23199	20.01%	-0.8589
0.0012	-36.84%	1.46万	165901	21.70%	0.0077	3.100	0.1835	-0.81%	3731	15437	29.03%	-0.9923
0.0006	-40.00%	3468	88027	28.13%	0.0001	3.200	0.2817	-0.42%	542	9487	38.18%	-0.9999
0.0005	-37.50%	1179	53496	34.57%	-	3.300	0.3812	-0.18%	431	2273	47.22%	-1.0000
0.0004	-33.33%	961	43896	40.63%	-	3.400	0.4818	-0.04%	330	3670	55.91%	-1.0000

图 3-13　认沽期权和认购期权同时下跌的行情

这段时间也是期权卖方的甜蜜时刻，如果卖方在此时有配合波动率下跌的操作，那么投入的资金在一周多的时间中实现 3%～10%的收益都不奇怪。在这个阶段中，期权卖方可以结合对标的一周内走势的判断进行趋势跟踪的交易，就是所谓的“追着卖”。例如，当标的处于下跌趋势时，可以根据均线的压力位将卖出期权的行权价不断下移，对较高行权价的认购期权进行平仓，再卖出较低行权价的认购期权，以赚取更多的权利金。总之，在快速衰减期过后，卖方无论是静态地收割前期布局的卖方头寸，还是更激进地“追着卖”，都应该是“吃饱喝足”并准备离席的状态。

当时间进入期权合约到期日所在的周，就进入了当月的末期。这时的虚值期权已经没有多少时间价值，虚一档的认沽、认购价格往往不足 100 元，而轻度虚值期权日内振动幅度动辄 100%，甚至更高。此时，如果卖方继续纠缠于近月合约，则无异于火中取栗，且其在盈利空间上，可能仅有几十元的盈利。"收益"大概占保证金的百分之几，但这看似很高的"收益"背后是巨大的潜在亏损。

以 2018 年 10 月为例，在期权交割日的前 4 天，市场出现了振幅超过3%的行情，10 月份期权的价格上蹿下跳，使没有离场的卖方苦不堪言。此时若没有离场的卖方不能及时止损，那么这些卖方的一个月的利润可能就会被全部归零，甚至出现重大亏损，如图 3-14 所示。

认购期权	10001446.SH 50ETF购2018年10月2.45	10001447.SH 50ETF购2018年10月2.50	10001448.SH 50ETF购2018年10月2.55
2018/10/19	73.91%	59.34%	27.55%
2018/10/22	152.50%	231.03%	331.20%
2018/10/23	−55.70%	−71.82%	−82.19%
2018/10/24	2.73%	−32.97%	−98.96%

认沽期权	10001455.SH 50ETF沽2018年10月2.45	10001456.SH 50ETF沽2018年10月2.50	10001457.SH 50ETF沽2018年10月2.55
2018/10/19	−72.65%	−61.55%	−48.86%
2018/10/22	−97.45%	−95.32%	−84.89%
2018/10/23	1050.00%	888.24%	357.14%
2018/10/24	−97.83%	−99.40%	−42.29%

图 3-14　2018 年 10 月份期权临近交割日的涨跌幅度

临近交割日期权的"高弹性"是卖方避之不及的期权特性，也正因为如此，有经验的卖方往往会在期权快速衰减期结束时就提前移仓，避免暴露在"高弹性"之下。但退一步来说，在期权末期也并非全无可取之处，特别是当隐含波动率较高时，如果行情的实际波动不大，也能赚取一点点盈利，但最重要的前提是做好风控，避免被买方一下子"打爆"。

总之，期权在一个月度周期内的时间周期是较为明显的，在定价理论和实际交易上都很难逃脱这个规律。如果卖方利用好了这个周期规律，就可以在建仓和交易上更加从容、进退有据。

3.4　波动率是卖方的"情敌"

在期权交易中，波动率有着举足轻重的地位，也是期权与股票、期货不同的核心因素。而通过波动率衍生出来的交易方式也是多种多样的，这也造就了期权交易策略的复杂多变。

简单地说，股票的波动率衡量的是股价变动的剧烈程度，但波动率本身并不能描绘或预测股价运动的方向。在实际交易中，交易者只能根据最近一段时间市场的历史情况来判断在哪种市场情况中更容易出现波动率的走高或者走低。以 50ETF 为例，近几年波动率的规律往往是在 ETF 价格缓慢上涨及震荡时，波动率将逐渐走低；在股价出现爆发性连续下跌时，波动率会迅速上升。而在市场震荡期，波动率会时高时低，以震荡为主。

在期权市场中，有两种重要的波动率：一种是历史波动率（Historical Volatility），其衡量标的价格在一段时间内（例如 20 天、30 天等）的实际波动幅度，通过移动平均的方法得出标的价格每一天的波幅标准差，并以年化的形式表现出来。另一种是隐含波动率（Implied Volatility），其数学推导公式来源于期权的定价公式（Black-Scholes 公式），其中期权价格可以简单地理解为证券市场上其他几个因素的函数，具体公式如下：

期权价格 ＝ f（标的价格，行权价，剩余时间，无风险利率，隐含波动率）

历史波动率最大的局限性就是不具备预测性。巴菲特曾说，只看历史股价做投资无异于只看后视镜开车。此外，在期权市场中，历史波动率并不像隐含波动率那样与期权价格有直接的关系，因此需要进一步理解隐含波动率，从而更好地做期权投资。

在实际交易中，我们只需要理解隐含波动率是期权价格的一个度量方式即可。在给定其他参数的情况下，隐含波动率和期权价格是一一对应的。这就好比债券收益率（Yield to Maturity）与债券价格的关系，在票息、剩余时间等因素一定的情况下，二者的数值也是一一对应的。若期权的隐含波动率越高，期权价格就越高，反之期权的价格就越低。

对于期权的卖方来说，在实际期权交易中必须妥善应对隐含波动率的变化。在期权交易历史上，很多卖方"死"在了市场向持仓的不利方向大幅运动、叠加波动率暴涨，以及账户惨遭"双杀"爆仓的过程中。在这些过程中，隐含波动率就是期权卖方的"敌人"。但是另一方面，如果股票的剧烈调整过头，在恐慌式杀跌和踩踏式止损过去之后，市场就会迎来温和的反向调整。在这个过程中，前期暴涨的波动率会明显下降，而认沽期权与认购期权将会出现"双杀"现象，卖方账户也会迅速收复失地。从这个方面来看，波动率又是卖方的"朋友"。因此，这种复杂的关系决定了我们不能孤立地看待隐含波动率这一指标，而是要根据市场行情的实际情况，通过控制仓位和选择不同的行权价来进行交易。

具体地说，笔者把卖方衡量波动率的交易标准分为三个层次，按照重要程度由高至低分别为隐含波动率的绝对水平、隐含波动率与历史波动率中短期走势的关系、期权对应标的的技术分析。

在美国股票市场中，大盘指数的波动率一般在 15%～20%。在中国，以 50ETF 为例，在一般情况下期权的隐含波动率在 10%～25%，如果超出这个范围，则可认为期权的隐含波动率处于较低或较高的水平。因此，隐含波动率的绝对水平可以确定交易的方向。当波动率高时，以卖为主；当波动率低时，应降低卖方头寸仓位或者不参与卖方交易。

但是，在实际交易中也存在一个难题，即隐含波动率出现在 10%～25% 以外的时刻非常少，在大多数时间内波动率都处于正常范围内。在更多的常规交易机会中，判断波动率走势的标准是隐含波动率与中短期历史波动率的关系。如果隐含波动率一直高于历史波动率，且历史波动率中短期趋势向下走低，则期权的隐含波动率不可能持续保持，将会有较强的下降的动力，如图 3-15 所示。

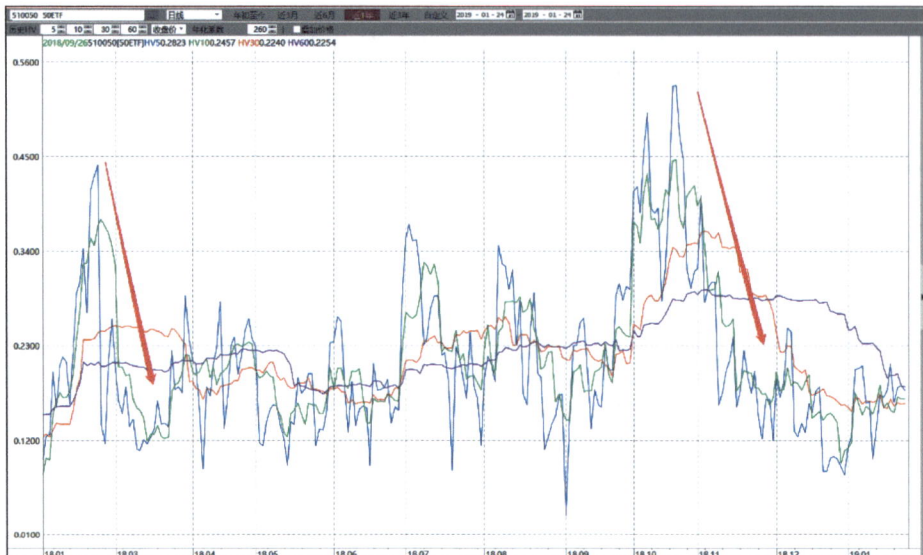

图 3-15　50ETF 历史波动率走势（2018—2019 年）

　　从图 3-15 中可以看到，2018 年 2 月初 50 指数暴跌，随后企稳，市场中投资者的信心恢复，现货的波动率出现明显下行，给予期权卖方很大的喘息机会。右边的箭头指向 2018 年 10 月下旬，这时关于股市的一系列利好政策陆续出台，指数企稳并反弹，但期权的隐含波动率在高位盘桓好几天，此时是卖方重仓出击的时候，如果能将一个波动率下行区段的盈利完全吃足，那么月收益率达到 10% 是可以预期的。

　　当现货的短期波动率开始抬升而在期权上暂时还没有反映时，则是前期卖方撤退，做多波动率头寸进场的时机。最典型的例子体现在 2017 年 5月，在经过了 2016 年近一年的波动率下行之后，2017 年第一、二季度的波动率继续下行（图 3-16），在四五月份达到了极低的水平，而期权的隐含波动率也下降到 10% 以下。在 2017 年 5 月中下旬，市场出现快速反弹，这时候卖方（特别是认购的卖方）应该有所警惕并离场，否则可能会亏损几倍权利金。

图 3-16　50ETF 历史波动率走势（2016—2017 年）

3.5　了解市场的脉搏：波动率指数

波动率指数是根据某一品种的期权价格综合编制的指数，其衡量期权市场在一定时间内（一般为 30 天）的整体波动率水平的高低。在国际市场上，最有名的波动率指数是 VIX 指数，其样本是标普 500 股指期权（SPX）的当月合约和下月合约。随着交易时间的推移，当月合约的权重逐渐降低，下月合约的权重逐渐升高，将加权的时间周期稳定在 30 天的水平。

在中国市场上，上证 50ETF 期权也有波动率指数。上海证券交易所在期权上市后发布了以 50ETF 的当月期权和下月期权为样本，经过方差互换原理计算得出的波动率指数，即中国波指（IVIX），如图 3-17 所示。除了中国波指，还有以类似方法编制出的波动率指数，如期权论坛波动率指数等。在实际交易中，我们无须关注波动率指数的具体计算原理，只要关注它的绝对数值和相对变化情况即可。

图 3-17 中国波指（IVIX）走势图

波动率指数主要是反映市场的整体性及历史回溯作用。如果只看单个期权价格，有可能会因为该单个期权价格的流动性不好使价格偏移，而不能反映市场整体的情况。特别是在期权市场的早期，日均成交量在十几万张时，期权的隐含波动率经常出现剧烈变动，这种波动对单个期权的交易而言可能存在套利机会，但不利于投资者理解市场整体的波动率情况。

期权市场自 2015 年成立至 2019 年已有 4 年的时间，波动率指数如同一个忠实的"史官"，一天天地记录着期权市场上人们的欣喜、疯狂和绝望。有了波动率指数的指引，投资者可以较容易地判断当前期权价格是处在高波（即高波动率，简称高波）状态，还是低波（即低波动率，简称低波）状态。一般而言，波动率指数的一般波动区间为 12～25，最高值低于 12 的区间可以被认为是低波区间，最低值高于 25 的区间可以被认为是高波区间。将波动率指数与现货进行对比，可以得出 4 种可能的结论：现货高波－期权高波、现货高波－期权低波、现货低波－期权高波、现货低波－期权低波。

现货高波－期权高波（又可称之为"双高波"）的情况往往出现在市场

剧烈波动期（往往是主跌浪时期），此时买期权和卖期权都不容易做。卖期权容易遭遇反向的大行情，带来巨亏；买期权则担心在趋势停止或者趋势扭转之后出现降波。此时，适合轻仓参与，如结合估值水平进行卖虚值的操作。

现货高波－期权低波的情况出现的概率不大，如果出现，则是买期权的好机会。

现货低波－期权高波往往出现在一波大行情结束时，此时是卖方入场的绝佳机会，如果能把握住机会，则可以实现单月 5%～10% 的低风险收益。

现货低波－期权低波（又可称之为"双低波"）的情况也对买方有利，但对买方的仓位控制有更高的要求，原因在于波动率持续处于低位的时间可能会比较长。此时的市场往往处于弱平衡状态，交投都不活跃，谁也不知道低波的状态会持续多久。波动率指数在经历了 2016 年近一整年的下跌之后，在 2017 年年初已经接近低波区间，然后又持续下降了近 5 个月。在 2017 年 5 月，波动率指数从 13 降到了 8，这期间现货也在一个狭小范围里反复震荡。卖方获取了最后一段波动率降低的收益，但如果大意，在 5 月中下旬就会惨遭波动率和标的价格运动的"双杀"。买方只能靠小仓位不断地试错，只有坚持下来才能看到后面波动率上升的美好结果。

3.6　头寸分仓的思想——风林火山

学者刘瑜在其文章《一个人要像一支队伍》中讲述了他在异国他乡留学时，如何面对内心的孤独，又如何以积极的心态经营自身的学业和生活，最终取得了很大的成就的故事。这篇文章在留学生群体中引起了很大的反响与共鸣。在笔者看来，每一个期权交易者也应该像一支队伍，依靠自身的交易系统进场和出场，依靠严格的交易纪律应对风险事件，只有这样，才能在复杂多变的市场环境下，实现交易资本的保值、增值。

期权的买方对择时的要求高，如果没有趋势性行情，那么时间的损耗就会带来难以逆转的损失。此外，买方还要面临胜率不高和止盈的难题，有时候即使看对方向，若未能及时止盈，也会出现先赢后亏的情况。因此，对买方的要求是"准"和"狠"，只有这样才能在趋势性行情中收获丰厚的利润。

对期权卖方则有所不同，对其"准"和"狠"的要求没有像对买方那么高，但要求的是"稳"，即在面对市场波动时，管理好头寸风险，实现账户稳健地增值。

"文无第一，武无第二"，以上的讨论并非要分清楚期权的买方策略和卖方策略孰优孰劣。实际上，在不同的市场环境下，期权买方和卖方均有大放异彩的时刻。卖方的投资管理流程比买方的相对要容易，盈利也较为可观。如果投资者能把期权卖方理解成做生意，有针对性地做事前部署和事后应对，那么就很容易实现较为稳健的资产增值。

著名军事家孙武在《孙子兵法·军争篇》中提出了"风林火山"的思想，主要体现在以下几点。

其疾如风：动作神速，有如飙风之疾。

其徐如林：舒缓行进，其行列齐肃则如林木之森然有序。

侵掠如火：侵袭掠扰，有如烈火之猛，不可遏止。

不动如山：屯兵固守，则如山岳之固，不可动摇。

难知如阴：深密藏形，有如阴霾迷漫，莫辨辰象。

动如雷震：驱兵接仗，则如霆雷之威，触之者折。

笔者认为，期权的卖方也可以借鉴"风林火山"的思想，从思想观念上对自己的头寸进行分仓操作，把实现不同交易目的的期权头寸区分开来。这样做的好处主要是把仓位的风险独立出来，进而明确每一类仓位的止损要求，具体有如下解释。

风类仓位（简称"风部"），指的是短线交易仓位。目标是抓短期乃至于日内的机会，一般短期内会止盈，若发现方向做反则应严格止损。

林类仓位（简称"林部"），指的是期权股指期货结合仓位。在期指端，可以做多上证 50 股指期货（IH），并在期权端卖出相应数量的认购期权，合成"类备兑"头寸。这个策略与传统的备兑策略相比，资金的使用效率被大大提升。此外，还可以做多中证 500 股指期货（IC），同时卖出相应头寸的认购期权，在收获期权时间价值的同时，博取中证 500 指数相对上证 50 指数的收益；还可以通过买期权进行期指的反向头寸的保护性开仓。

火类仓位（简称"火部"），指的是趋势跟踪仓位。"火部"关注的行情的周期比"风部"要长，主要关注在短中期行情中趋势比较明显的部分。在趋势性行情中，"火部"的盈利可能会很可观。

山类仓位（简称"山部"），指的是配置仓位。"山部"是基于价值的理念，在认可当前股票估值的情况下，利用期权实现股票配置的替代，这一方面可以赚取时间价值和波动率变化的价值，另一方面提高了资金利用率。

"难知如阴，动如雷震"其实也别有一番深意，在笔者看来这一句像是对市场的一种描绘。"难知如阴"指的是市场走势变幻莫测，期权交易者在市场中切忌有"我认为该涨/该跌"的"强者"心态，不要认为自己的认识能够超越市场的发展。特别是期权的卖方，应该把自己放在"弱者"的地位，以"弱者"的心态面对市场，永远要意识到"黑天鹅"的存在，做好资金管理，严格控制账户的风险。

"动如雷震"指的是在市场走势中趋势的力量。无论是价值投资者还是趋势投资者，在市场的一个大周期中，收获最多的时刻都在趋势性行情中。期权买方需要在不断地试仓中抓住趋势，以获取丰厚利润。而期权卖方在有利的趋势中，一方面通过前期的卖期权仓位获得稳健的利润；另一方面还可以构建组合策略，在低风险敞口的前提下获取较高的利润。在不利的趋势中，期权卖方需要对不同类型的仓位进行风险分析，及时减仓，降低风险，或者干脆清仓休息。

在笔者的实际操作中，曾经试图建立不同仓位的"物理隔离"，即每类策略独立一个账户做投资，如配置类账户和日内交易账户独立运作，但在后来发现了一些新的问题：一是账户之间可能会有相反的持仓，如果分开账户，就会降低对保证金的使用效率。二是在行情运动的过程中，会增加资金调配的难度。

3.7 其疾如风——短线交易仓位

笔者将短线交易仓位称为"风部"，顾名思义，就是交易手法像轻骑兵一样快进快出，在变化较快的短期市场上快速地攫取利润。在具体操作上，就是以不超过总仓位 10%～15%的头寸规模，择机抓住短线甚至日内的行情。风部交易与价值投资和估值关系不大，其核心思想是交易方法跟随市场的短期走势顺势而为。

1. 策略核心

在前一天收盘后，我们可以结合当前市场的技术走势、成交量及市场情绪等情况，对当前市场的多空情况进行打分。在当天开盘前，总结前天晚上政策面的最新消息和美股、A50 和债券的走势，大概估计一下指数开盘是否会跳空，如果跳空，那么跳空的区间大概是多少。在集合竞价时间内，观察权重股的开盘价格和成交量（早晨 9 点 20 分以后的成交量），同时观察不同期限的期权合约是否和指数的走势方向一致。

在正式交易开始后，就可以开始对日内走势进行观察。例如，如果市场的消息面偏空，指数小幅低开并反复纠缠，始终站不稳日内均线，那么这时候就可以考虑在日内均线附近卖出认购期权。

在期权合约的选择上，风部一般选取的是平值合约或者轻虚值合约，这类合约的 Delta 值相对平衡。在看对方向后，平值合约或者轻虚值合约的盈利空间比深虚值合约的盈利空间大，即使看错方向，止损起来也比较容易。

2. 实战经验

在实际交易时，"风部"有以下几个核心点需要投资者注意。

一是当前市场的主线板块，也就是资金密集的板块。在 2018 年 11 月之后的创业板指体现了市场最活跃资金的风险偏好，此时若创业板稳中向上则说明主板也很稳，若创业板垮塌则说明资金开始流出。典型的体现就是 2018 年 11 月 23 日，创业板低开后一路向下，50ETF 的走势却还在纠结，且均线缓缓下行，此时可以卖出开仓认购期权。

二是银行股和证券股是上证 50 指数的核心板块。其中银行股是上证 50 指数中最重要的板块，权重占比近 35%，同时弹性相对差一些，而且其走势往往弱于大盘走势，除非有大的系统性重估，因此可以将银行板块视为上证 50 指数的"压舱石"。在日内行情中，如果银行股出现运动，则日内上证 50 指数的走势方向基本就确定了。

例如，2018年11月8日晚，银监会提出银行针对民企融资的"一二五"目标，让银行对民企敢于贷款、便于贷款。而市场对此的反映是担心银行资产的问题，于是在11月9日开盘后银行板块领跌。当天中证银行指数低开近1%，50ETF走势与其走势基本相同，如图3-18所示，看到这个跌幅，果断顺势卖出认购或者合成空头都可以赚到日内低开之后行情一路下跌的短波段收益。

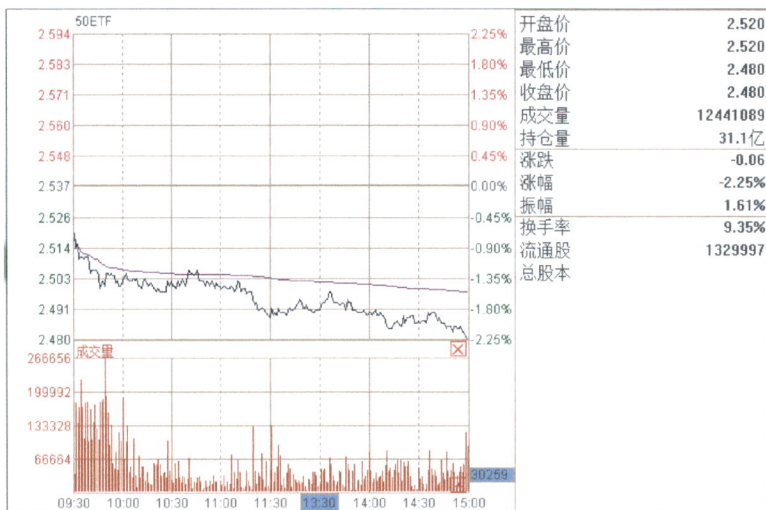

图3-18　2018年11月9日50ETF走势

　　券商板块虽然占比仅为上证50指数的7%左右，但其弹性好，且能在短期内带动市场人气。在日内行情中，往往由券商率先启动，点燃场外资金的做多热情。因此，如果观察到券商迅速向上拉升，那么日内的上证50指数整体就是趋稳的甚至是向好的。反之，如果券商对上证50指数下拉的作用不那么直接，此时则需要观察，以确定是场内资金还是外资资金流出导致的上证50指数整体走弱，还是只是券商板块单独走弱。如果是前者，则应看到金融板块或资本货物板块跟随下行；如果是后者，银行板块和保险板块相对稳定的话，则指数整体无忧。

3. 策略优点

与期权买方的短线策略相比，风部有以下优势。

一是更容易实现对仓位的控制。期权的买方在面对日内的投机性行情时，很难去选择比较合适的仓位，因为日内的交易存在不确定性，有可能这次投入小仓位，日内赚了 30%～50%，而下次投入大仓位，却看错了方向，日内赔 20%。当到期日临近时，比如到月度中旬以后，日内的一个反向波动会导致买期权亏损 30%以上。卖方的仓位相对买方的仓位更好控制一些，比如固定拿出总仓位的 20%～30%，在上述开仓条件下进行博弈。

二是手续费和保证金更低的优势。目前，上海证券交易所对卖出开仓交易免收手续费，投资者可以先卖出开仓，再买入平仓，实际上就是单边手续费。而买方除非是采取反向对冲开仓，否则是双边手续费。从可能的盈利空间来看，在日内一个波段内，投资者较难完全看对方向，一般都是在盈利之后逐渐减仓。因此，比较合理的一个预期盈利区间是 30～70 元。而双边手续费可能会占到总盈利空间的 10%，甚至更高，从而侵蚀投资者的实际利润。从保证金方面来看，即使买方进行了对冲开仓，由于保证金是在收盘之后释放的，所以实际上买方就丧失了日内再次交易的机会。相比之下，卖方在买入平仓之后，保证金被实时释放，在日内剩余的交易时间中，卖方仍然可以找机会再开仓。因此，风部就像轻骑兵一样，在交易上具有高度的机动灵活性。

4. 常见误区与更多的思考

新手在运用风部进行博弈时，容易进入几个误区。

首先，新手遇到的最多的就是仓位控制的问题。比如，判断日内趋势将要向下突破，一下子押了 50%以上的仓位，如果看对方向那还好说，如果看错方向，那么即使在操作时能有针对性地止损，期权头寸部分也仍有可能蒙受 30%以上的亏损，这对总资金的影响会很大。长此以往，对交易者的信心也有较大的打击。

其次，当亏损时不能及时止损，总想等等看，结果行情快速运动起来使得新手措手不及。应对这种误区，最好的办法是利用交易软件自带的止损功能。在开仓后就设定好止损的区间，如当亏损 30%时自动执行减少一半仓位的止损指令。

最后，当盈利时不能及时止盈，从而被日内的大幅震荡磨损掉很多利润。在笔者看来，如果在开仓后看对方向，那么这一笔交易就不应该以亏损收场。比如，在盈利 30%以上时，择机先平仓一部分，剩下的等时间接近下午 2 点半时再平仓，或者在收盘时再平仓。这样，在盈利减仓之后，总头寸就很难亏损了。

5. 案例：利用期权市场的"外部事件"进行风部交易

在 2019 年 5 月 6 日收盘后，上海证券交易所发布公告，由于 50ETF 期权 5 月的认购期权的总持仓量为 139.77 万张，对应名义本金为 50ETF 总流通量的 79%，超过了 75%这一红线，根据相关交易风控管理办法，暂停 2019 年 5 月的认购期权开仓交易（除备兑开仓外）。这一公告在期权市场中迅速引起热议。总的来说，这是为了防止出现恶性"逼仓"事件，交易所提前对持仓量进行了控制。

对于投资者而言，这是超出期权市场自身交易的"外部事件"，或者说是在交易规则的层面上对市场的短暂影响。下面进行简单分析：第一层考虑，认购期权的买方和卖方的盈利方式完全不同，随着时间的流逝，买方如果想继续保持多头持仓方向必须向下个月移仓，而卖方更希望对当月合约"吃干抹净"，当合约达到一个好的价格才会考虑平仓，因此买卖双方的力量是不对等的。第二层考虑，如果认购期权的卖方需要开仓，则必然选取次月（6 月）合约进行卖出，因此在当月（5 月）认购合约上，将出现之前的买方卖平的力量胜过之前的卖方买平的力量，从而造成波动率下降；在次月（6 月）认购合约上，将出现新卖方开仓的力量胜过买开力量和买平力量的情况。

5 月 6 日开盘，现货小幅高开，而认购期权的隐含波动率在短暂高开后，整体下行，特别是 6 月虚值合约一路下跌不回头；卖方出现了大规模增仓 6 月合约的情况，导致认购期权隐含波动率从前一天的 29%～30%的水平下降到收盘时 27%以下的水平。作为风部策略，在开盘时对 6 月虚值认购合约进行开仓，当日即可获得超过投入部分保证金 5%的回报。

从图 3-19 至图 3-22 中可以看到，在暂停开仓的通知发布后，50ETF 购 6 月 2850 合约的交易量增加至 5 月 6 日交易量的 3 倍以上，50ETF 购 6 月 2850 合约的成交量由 2.29 万张上升至 7.88 万张，持仓量也直接翻倍，50ETF 购 6 月 2900 合约也出现了类似的情况，这都证明了当日的交易是卖方资金开仓主导的行情。

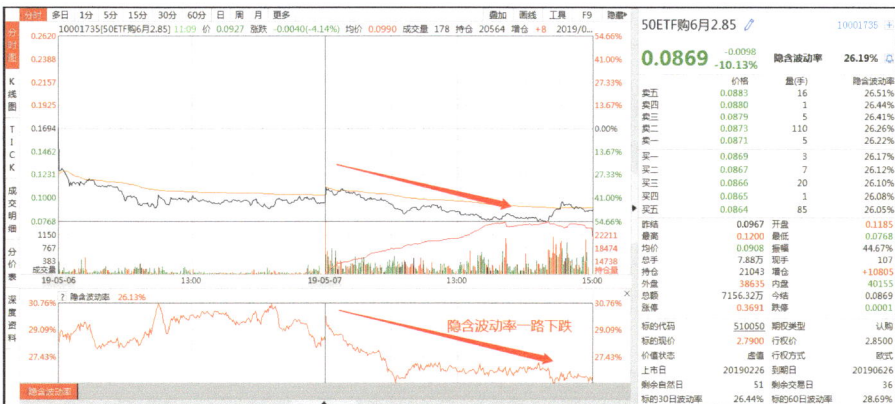

图 3-19　2019 年 5 月 6～7 日 50ETF 购 6 月 2850 合约日内走势

图 3-20　2019 年 5 月 6～7 日 50ETF 购 6 月 2900 合约日内走势

图 3-21　截至 2019 年 5 月 6～7 日 50ETF 购 6 月 2850 合约日 K 线

图 3-22　截至 2019 年 5 月 6～7 日 50ETF 购 6 月 2900 合约日 K 线

3.8　其徐如林——期权期指结合仓位

林部，是指期权与股指期货的结合仓位。其核心逻辑是根据不同指数的估值，以及中期内市场风格的偏好，选取做多/做空期指，同时在期权端进行反向的卖出开仓操作，组合成"持保看涨/看跌"仓位。

1. 利润来源

林部的利润由期指和期权分别贡献。在期指方面，可以选取 IH（50 指数期货），也可以选取 IF（300 指数期货）或 IC（500 指数期货）。如果选取 IH，则与直接选取 50ETF 进行备兑开仓差别不大，但由于股指期货具有杠杆交易的特点，因此可以大幅提升资金的使用效率。但风险在于股指期货和现货存在升水和贴水的情况，如果开多单，则 IH 升水，过一段时间再转为贴水就会造成浮亏。

IF 和 IC 相比较，IF 的特点是持仓量大、交易量活跃，行业分布偏向大盘股；而 IC 的弹性相对较好，一旦有行情就很容易波动 15%以上。从目前的估值来看，中证 500 的绝对估值分位数比沪深 300 的要低。因此在实战中，选取 IC 的情况会多一些。同时，在历史上的大部分时间内 IC 都存在贴水情况，期货的价格比现货低，这也是林部利润的另一个重要来源。

在期权方面，如果是开立期指的多头方向，则通过卖出认购期权建立跨品种的"持保看涨"组合，利润来源是时间价值的衰减和波动率的降低。

2. 策略核心

林部策略的核心是判断板块的相对强弱和板块轮动的速度。自 2012 年以来，中小盘股的弹性比大盘股的弹性大，区间行情的波动比 50 指数要大，因此简单地说，林部策略的核心就是考查中证 500 指数的估值水平。在相对估值低位时，以长期配置的思路，运用股指期货作为对股票现货的替代性仓位；当估值不在低位时，可以根据市场主题的特点，谨慎参与中级波段行情，同时卖出虚值 50 认购期权。

如图 3-23 所示，中证 500 指数的估值无疑处于历史极低值的区间，截至 2018 年 11 月 27 日，中证 500 指数的 PE 值为 18.82，而在 2008 年全球金融危机时，估值最低点是 17.12，而且 PE 值在 18 以下仅仅停留了两周时间，紧接着便迎来了"政策救市"的消息。从 PB 的角度看，历史 PB 值最低为 2008 年的 1.48，PB 值在 1.5 以下仅有两周时间，而在"雷曼危机"导致的市场下跌的时间内，PB 值较低的区间为 1.6～1.7。在图 3-23 中，中证 500 的 PB 值为 1.61，基本处于 2008 年大熊市的下沿附近。因此，期指操作应遵循逢低做多的规则。

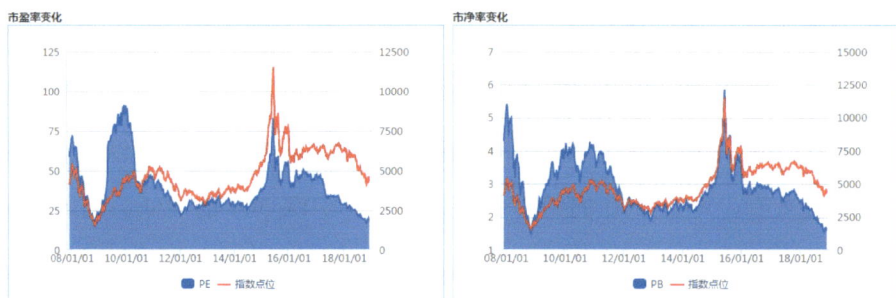

图 3-23　中证 500 估值历史对比

期指的贴水同样是值得重视的一个因素。自 IC 上市以来，大部分时间处于贴水状态，而在合约到期时，贴水是必然会收敛的，因此 IC 长期的多头可以从期指贴水收敛过程中获取盈利。如图 3-24 所示为 IC 当季连续合约贴水情况，其在 2015 年贴水幅度达到 1000 点以上，在极端情况（如 2015 年 8 月底至 9 月初）下，下跌到 1400 点。随着市场中投资者情绪的逐渐恢复，2016—2017 年 IC 的贴水不断收窄，从 2016 年年初的 500～600 点收敛到 2017 年下半年的 150 点以内。在此过程中，长期多头获利颇丰。

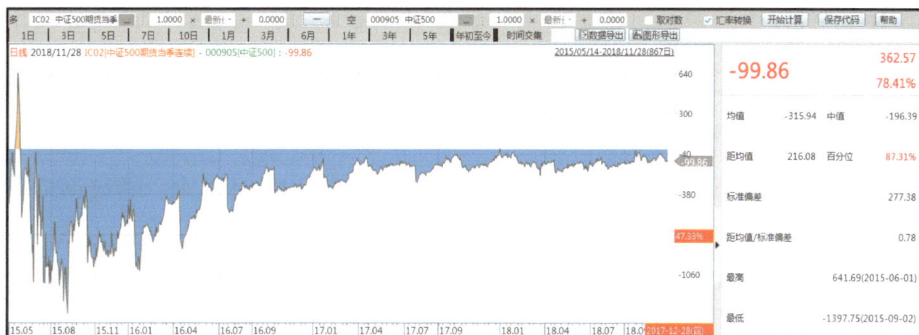

图 3-24　IC 当季连续合约贴水情况

期权头寸的建立需要权衡两个方面的因素：不同行权价合约的时间价值和 50 指数潜在的涨幅。如果卖出认购期权的行权价太高，则收取的时间价值不足；如果卖出认购期权的行权价过低，则指数稍微上涨，期权就会变为实值期权，从而面临保证金上升的压力。因此，一般选取轻虚值认购期权构建期权头寸。

另外，还需要注意林部的保证金。目前，IC 合约标准保证金率是 12%，如果按中证 500 指数 5000 点计算，名义本金为 100 万元，那么交易所保证金就为 12 万元。因此，投资者一般准备 20 万～30 万元的保证金就足以应付常规的行情了。在期权方面，可以用卖出相同名义本金的认购期权来做对冲。假设 50ETF 的价格是 3 元，可以卖开 33 张认购期权，如此就完成了一份林部仓位的构建，保证金总计为 35 万～40 万元。如果行情上涨，那么期权部分可能需要追加保证金，这时可以将期货部分的盈利转移过来。但是如果上证 50 指数大幅跑赢中证 500 指数，则可能需要对卖出认购期权部位进行及时止损，或向上移仓。

3. 常见误区与更多的思考

排除分红因素，长持 IC 并连续换仓多头，相对中证 500 指数的年化收益率在 5%以上。但是，如果新手只看到贴水就盲目冲进来，则可能要付出很大的代价。换句话说，贴水本身并不是做多的理由，估值和趋势才是最重要的因素。比如，2018 年 10 月至 11 月，螺纹钢主力合约相对现货价格一直有将近 10%的贴水（图 3-25），然而自 2018 年 11 月以来，螺纹钢期货价格出现了猛烈的下跌，同时钢材现货价格也出现连续大幅度的下行。因此，在实战中我们要避免出现只见树木（贴水）不见森林（估值和趋势）的错误。

图 3-25　2018 年 8—11 月螺纹钢 1901 走势

在构建林部组合时，如果期指多头的 Delta 值为＋1，而虚值认购期权的 Delta 值实际上为－0.4～－0.3，那么就可以把卖出认购期权的头寸多开一些，从而完全对冲掉 Delta。比如，1 手 IC 对应 2.5～3 倍名义本金的卖出认购期权头寸。

笔者认为这涉及策略容错性的问题，在指数的相对低位建立期指多头，并留足保证金之后，指数下跌对投资者的杀伤力就不会太大。但如果指数快速上涨，特别是上证 50 指数相对于中小盘股大幅上涨的话，期权的负

Delta 值会快速增大，头寸也会快速偏向空头，导致亏损。因此，从容错性的角度来看，使用名义本金进行对冲是相对保守稳妥的做法。

3.9　侵掠如火——趋势跟踪仓位

火部是指趋势跟踪仓位。这里面有两层含义：一是指数行情的趋势性，通过卖出期权或者构造期权的组合，持有赔率较高的趋势跟踪仓位；二是对于隐含波动率的趋势跟踪，当隐含波动率从高位回落时，对波动率进行趋势性地做空，收取波动率回归的利润。

1. 策略核心

当指数趋势性行情到来时，最容易获得丰厚利润的策略当然是单边买期权并向趋势方向进行移仓的策略，这在《小马白话期权——1 年 100 倍的稳健交易心法》一书中有非常详尽的说明，读者可以自行查阅。然而在实际行情中，非常流畅的单边行情出现的概率并不大，同时在行情进行中，也会有反复，所以在实际交易中很难确定行情的规模和持续性，只能不断地去尝试买期权。但也确实存在成功率更高、容错率更高的策略，如合成多头、牛熊差、比率价差等策略。

以上涨行情为例，在行情初期构建牛市价差策略，可以有效地降低期权构建的成本，即买入平值/轻虚看涨期权，再等量卖出虚一/虚二档的看涨期权。当行情上涨时，买入认购期权仓位的实值度增加，于是获得大幅利润，而卖出认购期权仓位的虚值度逐渐下降，甚至变为平值期权，出现浮亏。此时，可以结合对行情的判断，将牛市价差组合进行平仓，或者向上移仓，以博取更大的利润。

2. 策略优势与劣势

与单纯地买认购期权相比，牛市价差策略的卖出期权所收入的期权费对降低成本有较大的作用，最大的损失也只是两个不同方向的期权费的差值部分。以 2018 年 12 月的看涨期权为例，50ETF 在 2018 年 12 月 7 日的收盘价为 2.425 元，行权价为 2.4 元的认购期权价格为 0.0644 元，行权价为 2.5 元的认购期权价格为 0.0214 元。若构建"做多 2400 认购－做空 2500 认购"的价差组合，实际的成本只有 430 元，此外还获得了 250 元的内在价值。如果有趋势性行情，则可以在 50ETF 价格接近或超过 2.5 元时，对火部仓位进行获利平仓。

3. 波动率的趋势跟踪

波动率的趋势跟踪交易主要关注现货和期权的波动率变化的拐点。当现货的成交量逐渐回落，同时在未来成交量大幅波动的风险降低时，若期权的隐含波动率仍在高位，则此时可能是系统性做空波动率较好的时点。以 2018 年 11 月中上旬为例，在短期内市场仍然对经济贸易的发展有担心，但展望未来，当时能影响市场预期的事件主要是 11 月底召开的 G20 峰会，这已与 11 月合约的关系不大，但 11 月合约的隐含波动率仍然在 30 以上的位置，此时就可以通过卖出宽跨式策略针对隐含波动率的趋势性降低的方向做交易。

例如，在 2018 年 11 月 12 日，上证 50ETF 收盘价为 2.441 元，若同时卖出 50ETF 购 11 月 2500 合约认购和 50ETF 沽 11 月 2450 合约，可分别获得 699 元和 492 元的权利金（如图 3-26 和图 3-27 所示）。随着行情继续窄幅波动，波动率持续回落，两个合约的价格遭遇波动率下降和时间流逝的"双杀"，最终双双归零。双向开仓的保证金合计不足 7000 元，但可以获得近 1200 元的权利金收入，半个月盈利 17%。

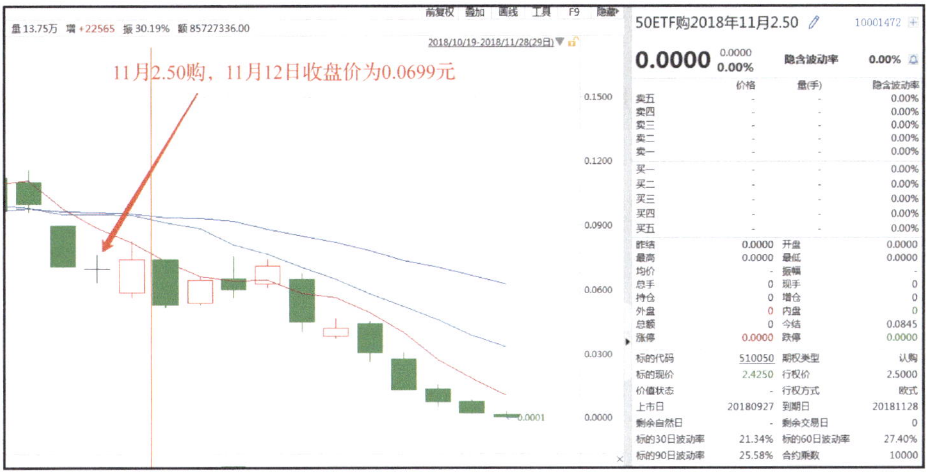

图 3-26　50ETF 购 11 月 2500 合约走势

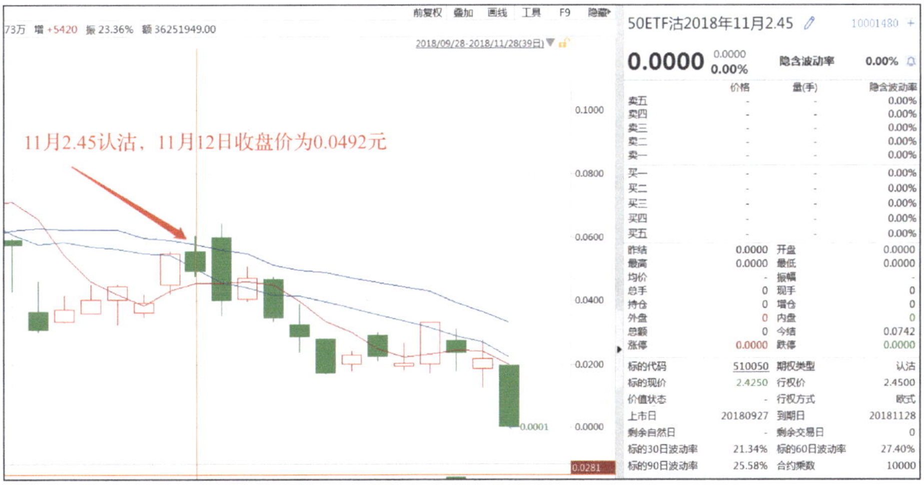

图 3-27　50ETF 沽 11 月 2450 合约走势

3.10　不动如山——配置型仓位

山部是期权卖方稳健策略的主要体现，在"弱市"下更是重要的"防守反击式"操作方法。在真正了解了"配置"思想的价值之后，就可以在波动剧烈的市场中守着价值之锚，而对于市场情绪扰动的杂音充耳不闻。

1. 策略核心

山部策略的核心在于判断标的现货的长期估值，若估值处于低估区间，则卖出实值或平值认沽期权，而不是持有指数的现货头寸。该策略的优势是可以增加资金的使用效率，同时还可以赚取时间价值和内在价值。在当前市场规则下，期权提供的高杠杆和时间价值是山部策略的核心优势所在。

传统的期权交易策略对于卖出认沽期权的态度往往较为谨慎。诚然，卖沽期权的仓位在面对市场波动时非常脆弱，也就是说在市场出现大波动时，会遭到波动率上升和负 Delta 值的"双杀"。然而山部策略通过严格的风控和基本面的择时，摆脱了卖方"平时赚小钱，最后被一锅端"的弱点，实现了稳健收益。

在开仓之前，还是要重复一遍投资理念：在认为指数处于低估区间时，进行山部策略的配置开仓。如果在上证指数为 5100 点时开仓，那么即使使用再好的风控方法，也难逃大幅亏损的结果。在卖出认沽合约的选择上，山部策略选取的是中度实值期权，如实二档的期权，这种期权的保证金的变动相对比较稳健，同时也不会因为市场短期的上涨变为虚值。

2. 保证金与仓位控制

以目前认沽期权的交易所保证金（即交易所收取的保证金，也就是最低保证金）来看，平值期权的保证金在 3000 元左右，轻度实值期权的保证金为 3500～4000 元，而目前 1 张期权对应现货的名义本金约是 2.5 万元，因此卖出认沽期权的杠杆倍数是 6～10 倍。需要澄清的是，利用高杠杆并非鼓励期权投资者进行波动巨大的杠杆投机。如果在仓位管理上出现问题，且在期权卖出后遭遇不利行情，那么不仅实际亏损会导致保证金被快速消耗，而且随着期权从虚值、平值转向实值，或者实值程度的不断加深，保证金也会明显提升，在如此不利的行情下，将导致账户风险度快速上升。

因此，比较合理的配置方式是根据期权持仓对应现货的名义本金来进行仓位调整。一般而言，山部仓位的名义本金应该控制在总资金的 60%～100%。例如，投资者有 100 万元总资金，可以开三四十手卖沽期权，对应的保证金约十几万元，剩余的 80 多万元可以采用别的策略进行投资，或者做现金管理。在这种仓位下，即使市场出现短期快速下跌的行情，账户也不会爆仓。如果认为在短期内市场风险很大，那么就可以把山部仓位降至60%；反之，如果市场出现极度的下跌行情，则可以逐渐增配山部仓位。

3. 交易心态

在交易心态上，山部策略在市场面前采取了"弱者心态"，即放弃预测短期市场，而去追求长期胜率。市场与山部策略的关系就像赌场和赌客的关系，期权买方或者交易性的期权卖方，尝试通过技术分析等方法去猜下一个开出的是大还是小。而使用山部策略的投资者把短期的涨跌看作不可预测的部分，但是在二维的涨跌之外，第三维的估值回归、第四维的时间价值、第五维的波动率都是使用山部策略的优势。所以，从长期来看山部策略的胜率优势是明显的。

4. 开仓后的善后管理与移仓

在使用山部策略卖出开仓后，我们不能以静态的眼光看待所持有的仓位。因为市场存在短期波动的特点，如果行情上涨，则卖沽的内在价值不断降低，甚至变成虚值期权。由于我们是在熊市估值低估区间建立的仓位，所以从投资者的成本分布和技术形态来看，很难出现持续性的暴力反弹。例如，在 2018 年 6 月底，上证 50 指数突破前期震荡，从 2650 点附近跌到 2420 点（如图 3-28 所示），进而在此构筑平台，开启了近半年的平台震荡。

连续下跌后，周线反复震荡

图 3-28　2018 年 2—11 月上证 50 周线图

在这种行情下，山部仓位的移仓可以相对保守一些。如果在短期内行情涨上去，由于之前开仓时期权已经是实值，因此只需将持仓合约的行权价上移一两档，保持轻度实值即可。若行情反复震荡下跌，就可以保持行权价不变，或者将行权价略微下移一两档，以收取更多的时间价值。

从历史行情来看，大跌后的中期震荡行情也出现过很多次。如图 3-29 所示，在 2016 年市场发布熔断机制后，进入休养生息阶段，呈现缓慢修复的行情。震荡上行的区间基本在 200～300 点，此时山部的头寸向上缓慢移仓的方式是非常明确的。

引起市场行情急速下跌的核心原因是估值面/政策面的转向。在 2016 年年初，市场估值明显偏高，加上熔断机制点燃了交易层面的导火索。而在 2018 年，蓝筹股的估值并不高，全年市场下跌的主要因素还是金融去杠杆和政策转型的持续性压力。前面我们对影响指数的"5 碗面"的思考，对分析市场中期的主要矛盾也有比较大的价值。

图 3-29　2016 年 1—11 月上证 50 周线图

此外，当市场行情急速下跌后，机构仓位往往较重，行情下跌后导致交易者的前期筹码被套牢，加上私募、配资等类型的交易者出现持续性的被动性减仓、清盘甚至爆仓，市场整体出现资金的持续性流出。与此同时，配置性资金的流入速度是相对缓慢的，这就决定了市场在短期内难以大幅反转。

总之，在熊市后半场的震荡行情中，山部策略是较为稳健的以期权持仓进行指数替代的策略，策略中源源不断的时间价值可以帮助投资者渡过熊市，同时也可以积累下一轮牛市的原始资金。

第 4 章

期权卖方的风险控制

4.1 "黑天鹅"世界生存指南

价值投资之父本杰明·格雷厄姆曾经说过"市场短期是投票器，长期是称重机"，这句话的意思是说短期的波动是市场参与者中票（钱、筹码）数多的说了算，而价值的体现可能需要较长时间。此外，证券市场就像一个复杂的系统，受多种因素的影响，并且在市场不同时期的主导因素都不一样。在中期趋势转折时，必然是之前的影响市场的因素出现了剧烈变化，带来了市场走势的突变，也就是我们说的"黑天鹅事件"。

期权的特点是非线性，即赔率不对称。作为期权的卖方，比较喜欢的场景是"岁月静好"，没有波动，且期权的时间价值不断衰减；比较不喜欢波动率上升，最恐惧的是发生"黑天鹅事件"。小型连续的"黑天鹅事件"容易带来净值的反复，而大型的"黑天鹅事件"可能会带来账户资本的大幅永久性亏损。

如图 4-1 所示为"黑天鹅式"走势，大型的"黑天鹅事件"要么跌幅巨大，短期的涨幅和跌幅可达到 20%以上；要么闪崩，如 2018 年 2 月发生的在 5 天内跌掉 10%以上的情况。在这种情况下，期权卖方的"逃生窗口"很小，稍微犹豫就容易被关起来打。小型的"黑天鹅事件"对市场的影响速度相对要慢一些，相对而言投资者有从容应对的时间。但无论如何，在波动剧烈的市场中，卖方很难摆脱"平时赚钱，一旦发生'黑天鹅事件'，就能把之前赚的钱一把亏光"的魔咒，也正是因为卖方交易模式具有这种脆弱性，导致不少投资者在反复尝试后，最终放弃了做期权卖方交易。

小型黑天鹅				
50ETF	起点	终点	最大涨跌幅	持续天数
2018年3月份	2.8	2.574	−8.07%	16
2018年6月份	2.625	2.343	−10.74%	12
12月蓝筹下跌	2.453	2.255	−8.07%	12
2018年1月十八连阳	2.778	3.11	11.95%	18

大型黑天鹅				
50ETF	起点	终点	最大跌幅	持续天数
2015年8月	2.399	1.776	−25.97%	6
2016年熔断前四天	2.275	2.05	−9.89%	4
2016年熔断整体下跌	2.275	1.803	−20.75%	19
2018年2月大幅波动	3.117	2.745	−11.93%	5

图 4-1　"黑天鹅式"走势

因此，我们需要一个系统性的卖方"生存指南"，以便能在"黑天鹅事件"层出不穷的期权世界里持久地生存下去。只要我们具备了系统的风控原则，在投资领域就可以得到非常大的收获。

4.2　期权卖方的常见错误

1. 无视风险

在新手刚开始做期权卖方时，可能会被"收益有限，风险无限"的警示吓到，但等到熟悉了产品和交易规则，明白了卖期权的高胜率、低赔率的特点后，就容易贪心起来，认为每个月都能"低风险"地赚 3%～5%，于是对期权卖方的交易定位就出现了偏差。这种思想背离了期权卖方的宗旨。有些期权交易者借钱来做期权卖方，美其名曰"时空套利"，这在行情有利的时候可以赚钱，可行情一旦快速转向不利于交易者持仓的方向，就会让交易者连本带利"吐"回去，导致交易资本出现不可逆的损失。因此，笔者强烈建议拿自有资金，而且最好是中期内不用的资金来参与期权投资，以避免出现资金链断裂的悲剧。

有些投资者做单边卖期权（都卖沽或者都卖购），其风险度在 80%以上，这时如果场外也没有多余的资金备用，一旦行情出现大幅波动，可能几天之内就会把前面数月乃至数年辛辛苦苦积累的盈利全部亏光。因此，如果投资者刚开始尝试做卖期权，则务必要先以轻仓进行交易。以 50ETF 期权为例，建议仓位最高不要超过所有交易资金的 3 倍杠杆。假设 50ETF 价格为 2.5 元，那么一个 25 万元的账户最高可以卖价值 75 万元市值的期权，对应 30 手期权。在这种情况下，账户的风险度一般不会超过 40%，应对一般的涨跌绰绰有余。

2. 交易缺乏计划性和长期性

有些期权卖方在日常开仓时，对行情刚有一个判断就开仓卖出期权，但这时卖方对新开仓位的定位一般还比较模糊，止损、止盈的计划也不清晰，如果在交易中赚了保证金的 5%～10%就很高兴，但如果在下一次交易开仓卖出后，市场反向运动，权利金就会亏损得更多，于是又被打回原形。作为期权卖方缺乏计划性的另一个表现是每次开仓的仓位不系统，第一次卖出十几手小赚后，在下一次卖出上百手时，却赶上了波动率上升，导致亏损较多。这样来回反复几次，投资者就会对做期权卖方丧失了信心和兴趣。

实际上，我们已经在第 3 章比较系统地介绍了不同类型的卖期权仓位的功能。针对行情的不同走势，卖期权策略可以分为震荡市卖出策略和趋势市卖出策略，此外，针对不同周期内的仓位的作用也有明确的界定，对于不同类型的仓位后续处理的方式也不同。例如，如果只有长期卖出仓位，那么投资者就不用在意日内分时的走势，长期卖出仓位适合不能实时盯盘的投资者。

在交易计划中，保持仓位一致性也是很重要的，甚至可以说是检验期权卖方投资者是否成熟的一个标准。例如，日内-短期交易仓位（风部）在赔率上是占优势的，每次固定拿出总仓位的 20%～30%进行博弈，长期坚持下去，预期内的盈利就会比较明确。

卖方交易的长期性主要体现在配置仓位上。在指数处于低位时，可以卖出浅虚-平值期权，这一方面能进行正股持仓的替代，另一方面能收获时间价值，以时间换空间，静待熊市阶段逐渐过去。很多投资者参与了很久的卖方交易，但看其月结单每次持仓都不一样，在指数低位时大举卖购，如果市场一旦反弹，卖购仓位就会浮亏不少。这时尽管有一些正股能够进行对冲，但数量不匹配，另外由于卖购期权的市值是随着指数的上涨快速增加的，因此在市场反弹途中，不仅会由于仓位不足而踏空，而且在期权方面还会出现亏损，严重影响交易的信心。

3. 在不利行情出现时未能及时应对

作为期权卖方，在思想上必须要接受一个观点，即"黑天鹅"无处不在，且随时可能发生。在瞬息万变的证券市场中，我们可以事前对市场行情的主要决定因素进行预判，但是，当行情出现不利的运动时，可能是之前预期的因素发生了变化，也可能是其他方面的因素代替之前的预判，成了市场的主要决定力量，在买卖力量的边际对比上发生了重大变化。

例如，"熔断机制"这个交易规则在 2016 年 1 月 4 日开始实施（A 股的熔断机制在 2015 年 12 月被提出，具体是指当沪深 300 指数涨跌幅达到5%时，暂停交易 15 分钟；当涨跌幅达到 7%时，暂停交易至收盘）。在 2016年 1 月 4 日当天，50ETF 截至上午收盘，下跌幅度超过 3%，一些先知先觉的投资者不计成本地卖出，导致出现多杀多的行情（图 4-2）。在市场行情经过两天的弱反弹后，于 1 月 7 日低开后迅速下跌，仅半个小时，大盘再次触发下跌 7%的熔断机制（图 4-3）。在短短 4 个交易日内，50ETF 累计跌幅高达 10.51%。

图 4-2　50ETF 2016 年 1 月 4 日走势

图 4-3　50ETF 2016 年 1 月 7 日走势

在 2016 年 1 月之前的行情主线中，估值修复和风险偏好抬升是支持市场偏多头方向的因素，但在事前分析中，投资者忽略了交易规则的改变对交易行为的巨大影响。有股票持仓的投资者在短时间内就会面临因徒困境一样的博弈局面，如果自己不砸盘卖出，等被熔断机制暂停以后，就无法卖出了。这时买卖力量的平衡在短时间内就会被迅速打破，市场进入多杀多的恶性循环。

卖方最危险的情况会出现在行情的主要矛盾发生变化导致大幅波动时，因此，作为卖方始终需要面对这种潜在的巨变。在这种巨变发生时，应该及时止损或者将仓位降到合理区间。这种做法在短期内可能会降低潜在的收益率，但从长期来看，能让卖方交易者在市场中存活得更久、更安全。

在市场行情大幅变化时，最忌讳的是坚持己见，即认为自己没错，而是市场错了，或者是散户常见的心理——等反弹再减仓。然而在真正的大行情（特别是暴跌行情）出现时，逃生窗口只出现很短的时间，如果错过了，就会面临巨大的风险。此外，也不要总纠结于行情波动的原因，在笔者看来，投资者只需要了解真正的原因是买卖力量的均衡被打破了就行，及时应对方为上策。

4.3　期权卖方风控的原则

期权卖方的风险收益特性是高胜率、低赔率。高胜率是指当不利行情没有发生时，能够大概率获取权利金的收入。低赔率是指开仓后，如果不移仓，那么潜在的盈利空间就只有权利金收入的部分；如果卖出虚值期权，如卖出 50ETF 的虚值看跌期权，权利金收入就只有标的名义本金的 1%～2%。但是在金融市场中大幅波动的行情并不少见，作为期权卖方，应完善账户的风险控制系统，才能在投资市场中长久生存。

原则1：事前风控——仓位管理

在交易时，期权卖方只收取标的名义本金的几分之一甚至十分之一的保证金，在拿到相应的权利金后，利用杠杆获取稳健收益，看上去是一桩很好的生意。但是当行情对所卖的方向不利时，可能就伴随着期权隐含波动率的大幅飙升，这时止损往往要付出很大的代价。而如果此时仓位较轻，应对起来就能较为从容。比如，当风险率在 30%以下时，可以认为是卖方轻仓的状态，此时卖方实际的杠杆率不高，账户里就有足够的保证金来进行补救。一方面，可以暂时观察行情是否持续，如果不利的行情暂时中止，就可以择机减仓；另一方面，可以利用波动率处于高点来布局波动率回落方向的头寸，如使用双向卖出或者比率价差等策略。

原则2：事后风控——减仓和对冲

如图 4-4 所示，沪深 300 指数隔夜跳空（包括高开和低开）的交易日数量在 2018 年达到了相对高位，为 29 天，平均每两周就有一次大幅的跳空高开或者低开。在这样具有高波动率的市场中，卖方仓位存在一定程度的隔夜风险。

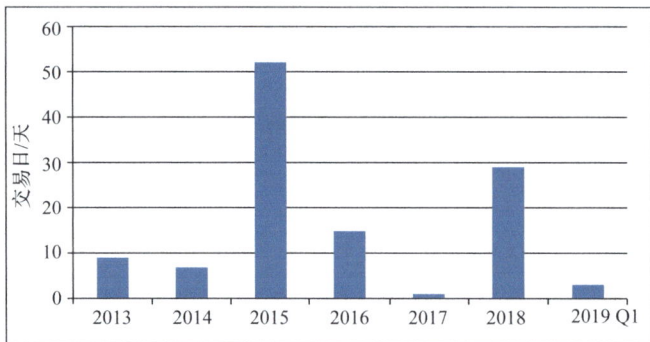

图 4-4　沪深 300 指数开盘跳空 1%以上的交易日数量

隔夜风险虽然无法避免，但可以通过客观的分析降低风险，即在开盘之前对市场行情进行定量的评估工作。以隔夜低开下跌为例，投资者应首先判断利空的大小。如果是较大的利空，那么市场就会受到大幅冲击，此时如果行情只是小幅低开，则应该迅速进行买入认沽进行对冲，防止接下来的下跌，或者对之前的买入认购或者卖出认沽仓位进行减仓操作；如果行情是大幅低开（3%以上），那么对多头仓位的反向对冲可能就没有意义了，而隔夜抄底的资金可能有反向拉升行情的冲动，此时可以在抄底资金反向冲高后，及时进行减仓或对冲操作。市场在下跌途中或者下跌趋势转震荡时，日内的反向拉升一般不会超过下跌幅度的一半（如图 4-5 所示为50ETF 2018 年 10 月 11 日行情），投资者之前的卖沽头寸可以在反向拉升接近此位置时，先将部分仓位平掉，再从容地观察：若只是日内反向拉升（概率较大），则随着行情转入下跌，继续减仓；若出现了日内报复性反弹行情（概率不大），因为仍然持有部分卖沽仓位，则不会完全踏空反弹的行情。

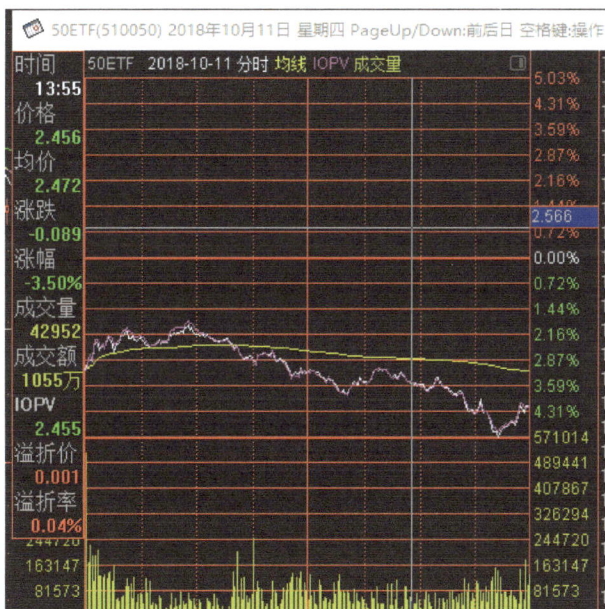

图 4-5　50ETF 2018 年 10 月 11 日行情

原则3：职业化盯盘，及时止损和止盈

一名专业的期权和衍生品交易员，在手机中起码要定 3 个工作日的闹钟：第一个是起床闹钟，第二个是上午 9 点 10 分的闹钟，第三个是中午 12 点 55 分的闹钟，其中第二个闹钟用来提醒交易员盘前准备时间结束，第三个闹钟提醒交易员午休即将结束。在 4 个小时的交易时间里，交易员即使不能全神贯注地盯盘，也要对影响 50ETF 的重点个股和板块进行实时关注，特别是对以大金融为代表的蓝筹板块和以创业板指为代表的市场活跃资金指标的关注。

随着交割日的临近，虚值的卖出期权头寸在交割日前一周往往会跌至几十元一张，这种深度虚值（虚值度为 5%～8%）的期权此时的胜率有利于卖方，但是赔率却很低，这时一旦出现不利的单边行情，如卖出深度虚值认购期权后，如果指数大涨就可能出现几倍甚至十几倍的涨幅，就会将之前辛苦积累的利润一把亏光。

解决临到期期权风险的方法有两种：一种是动态止盈，当虚值期权价格已经在 50 元以下时，说明期权虚值程度较深，此时不利行情出现的概率也不大。但当不利行情出现时，期权价格将上涨，投资者就可以动态设定止盈的点位。例如，设定前期低点价格的 1.5～2 倍进行止盈，防止不利行情进一步扩大，导致对头寸带来"黑天鹅式"亏损的不利局面。

另一种是静态风控，具体的操作方式是当期权价格跌至一定水平以下时，投资者可对期权卖方头寸进行平仓。例如，当在交割日前一周，期权价格跌到 40～50 元以下时，先将期权卖方头寸进行平仓，然后向远月合约进行同等行权价移仓，或者向偏向虚值的 1～2 挡进行移仓。

注意，这时的移仓务必要限制开仓手数，比如进行相同权利金的移仓。如果卖出的 100 张期权头寸以 50 元进行平仓后，则只新开价值 5000 元的新期权头寸；如果此时新合约价格为 200 元，则只需开仓 25 张合约，这大大降低了头寸的波动性。

如果在对期权卖方头寸进行平仓后，当月合约价格继续下跌，下跌到20～30 元，则说明对期权标的物运行方向的判断是正确的。在此情况下，只要不出现波动率大涨的情况，移仓的头寸就能有收益。反之，如果前期平仓的期权卖方头寸出现大幅上涨，则行情走向不利的方向，此时我们的持仓手数会降低，潜在亏损的空间也会明显缩小。

如图 4-6 所示，2019 年 4 月的第三个周五，4 月 2900 认沽合约价格已经跌至 40～50 元的区间，价格下行的空间极为有限，此时可以对其进行大幅减仓操作，并将合约向远月移仓。特别要注意周五到下周一这段时间的行情，因为周末可能突发利好或利空消息，虚值期权的卖方要防止被高弹性的合约伤到。如图 4-7 所示，4 月 22 日午盘，上证 50 出现大幅下跌，4月 2900 认沽合约大涨 170%以上，卖方此时的处境很难。

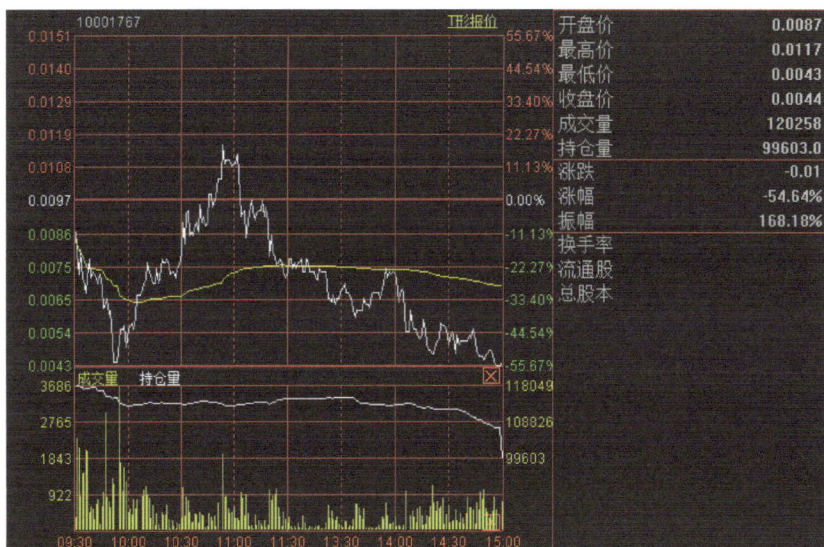

图 4-6　2019 年 4 月 19 日 50ETF 4 月 2900 认沽合约走势

如果用足球比赛来打比方，那么在卖方卖出期权（特别是虚值期权）之后，就相当于取得了"1∶0"的领先优势，即使后面的比赛过程十分沉闷，卖方也会泰然处之。如果行情走向了对卖方有利的方向，如在卖沽后行情上涨，认沽期权价格持续下跌，那就相当于扩大了领先的优势，那么这场比赛几乎就稳赢了。对于初学做卖方的交易者而言，当期权合约价格跌到40～50元以下时，就可以进行平仓提前终止比赛，剩下的时间价值留给别人去赚，这样后面的行情再怎么波动都无关紧要了。

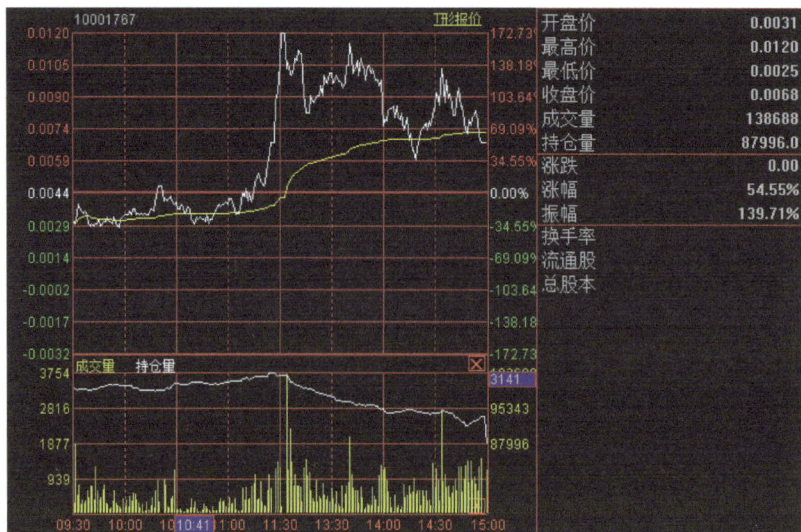

图 4-7　2019 年 4 月 22 日 50ETF 沽 4 月 2900 合约走势

4.4　期权卖方的交易心理

在之前的章节中，我们对期权卖方的方法论和实操手法进行了详细的介绍，投资者对期权卖方的策略也有了全面的认识。然而在实际交易中，投资者在面对变化莫测的市场时，还需要制订长期行之有效的交易计划，另外在短期不赚钱甚至赔钱的时候，还需要对卖方的交易心理有一定的了解，只有这样才能度过成长的瓶颈期。

1. 如何看待卖期权这门"生意"

首先，要感谢期权这个工具可以丰富投资者的选择，使得投资者不用再只靠单纯地做多来获利了。特别是作为期权卖方，如果能持之以恒地运用正确的策略进行交易，则可以获得长期回报。笔者从 2016 年开始做期权卖方，在近 4 年的交易中，尽管经历过"熔断闪崩"，也经历过 2016—2017 年的"白马股"行情，以及 2018 年"黑天鹅"不断的行情，也实现了交易资本的稳健增值，年化收益率超过 30%。如果投资者能够在这个市场中坚持十年以上，且不被"黑天鹅"的行情击倒，那么在复利的作用下就可以迎来交易资本的大幅增长。

其次，对期权卖方的收益率要有清醒的认识。在熊市中，卖方可以通过收割时间价值实现低位抄底或者正股/指数替代，因此跑赢指数并不是一件很难的事情。在震荡市中，卖方在获得时间价值之外，还能得到波动率逐渐收敛的收益，以此迅速跑赢大盘指数。但是在牛市中，卖方往往不能跑赢指数。如果对牛市认识不足，那么卖出认购方向的头寸可能带来大幅亏损。而即使投资者能够认清牛市的趋势行情，当虚值卖沽变为深度虚值，或者实值卖沽变为虚值时，卖沽仓位的持续盈利能力都将被严重削弱，此时不得不向上移仓（追涨）。如果仓位控制不好，或者时机掌握不好，则可能会带来暂时的亏损，进而影响投资者的心态。从长期来看，一个稳健的卖方投资者，在资金容量为 5000 万元以下的情况下，实现年化 15%～25% 的回报是不难的。

2. 卖方的心理误区

如果卖方能够不断进阶，那么稳健盈利的日子则会越来越长，也能够越来越多地体会到稳健盈利带来的满足感。然而此时的投资者可能会进入新的心理误区，这些误区可能会给期权交易埋下很大的隐患，或者阻碍投资者进一步成长。具体说来，主要有以下几个方面的表现。

一是懒惰。卖方满足于获取卖出期权的稳健收益，认为反正期权卖方的容错能力强，就不再认真分析行情。如果是卖虚值期权，认为即使方向小幅看反也没事，就不注意盯盘，但久而久之，对短期行情的判断能力（也就是所说的盘感）会严重不足，这时一旦出现大行情就会有大问题：如果是出现有利的大行情则只能望洋兴叹，因为卖方是无论如何也追不上大行情的；如果是不利的大行情则只能手忙脚乱地止损。

因此，在卖方看似高胜率的背后，实际上是一种"温水煮青蛙"的陷阱。在大行情来临时，即使是具有严格的风控纪律的交易老手，也会在实际执行上出现偏差，如减仓不及时导致净值出现明显回撤。如果是刚接触卖方的新手经历这种行情，则可能会对卖方的操作模式产生怀疑，甚至放弃。

二是对卖出宽跨策略（双卖）的"迷信"。有的交易者机械性地使用卖出宽跨策略，比如同时卖出虚值三挡的认购期权和认沽期权，就会觉得只要50ETF在这个区间内波动，卖沽和卖购两个方向就都能收到权利金，交易体验非常好。但是卖出宽跨策略在趋势行情中的弱点也非常明显，在小单边行情中，需要进行动态调整，平掉不利方向的卖出期权或者移仓，保证虚值期权有容错的空间；在大单边行情中，虚值期权价格变动的速度就会非常快，再加上隐含波动率可能会出现大幅上升，这时将出现明显的亏损。

在期权交易中使用双卖的策略类似于战争中的静态防御。如果面对的只是震荡市这种阵地战，或者说是多头、空头对峙的行情，那么卖方可以做到不动如山，在80%～90%的时间里能够跑赢指数并做到稳健盈利。然而单边行情暴涨、暴跌的动能极大，类似于战争中的闪电战，可以直接把卖跨自以为坚固的防线轻易打破。最典型的例子就是2019年2月25日，上午高开 1.5%，随后震荡，此时是前期卖方最后的"跑路"机会。如果没有抓住机会平仓卖购，下午就会遭遇大幅亏损。如图 4-8 所示，单日行情已达到 7.56% 的涨幅，导致认购期权已经没有虚值合约了。在这种行情下，卖跨的任何事后调仓都是无效的。如果在盘中不断把卖沽往上移仓，只能减小一点方向上的亏损幅度，而在波动率的维度上仍将遭遇打击。因此，单纯的双卖策略在当天必然遭遇净值的明显回撤，而回撤幅度的大小与事前风控（仓位控制）有密切的关系。

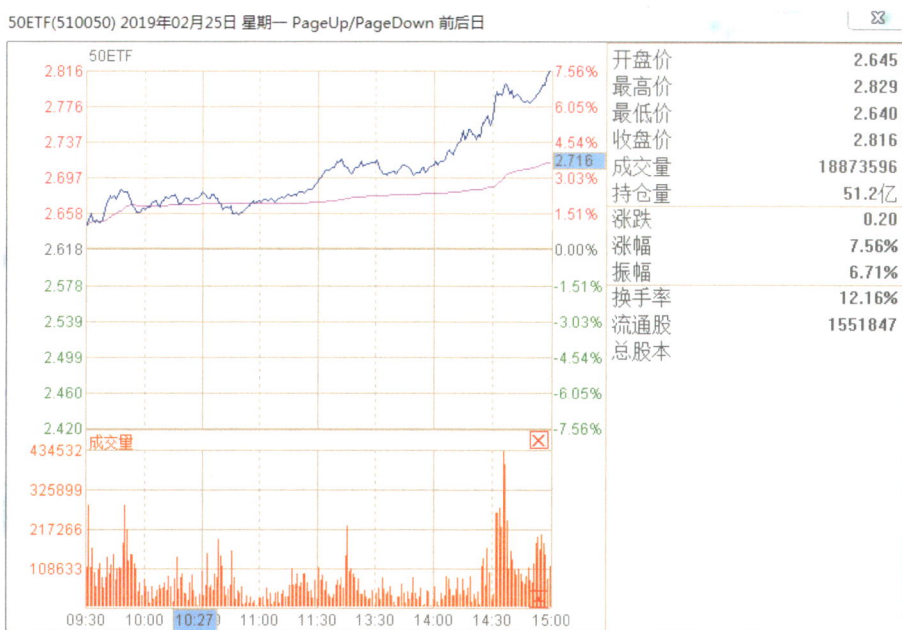

图 4-8　2019 年 2 月 25 日 50ETF 走势

三是抱有侥幸心理。这种心理在逐渐接近到期时卖虚值期权的交易上体现得特别明显。比如，卖出虚值看跌期权，在还剩十几个交易日甚至不到十个交易日的时候，卖出虚值 0.1 元或者 0.15 元的虚值看跌期权是很安全的，因为 50 指数不太可能下跌 150 点。从经验上看，90% 的止损交易只要扛过去就都能转为盈利。在开仓之前，卖方就应该明白哪些仓位是可以扛到底的。例如，在上证 2500～2600 点配置性卖沽，即使在短期内行情下跌至 2500 点以下变为实值期权，也可以继续持有，以作为指数增强和正股的替代。如果合理运用杠杆，则这类仓位是可以考虑穿越牛熊的。然而，当卖方的初衷发生偏移，变成猜测未来 1～2 周的上涨/下跌幅度不超过多少点时，就把交易头寸置于短期博弈的位置了，这就失去了"不动如山"的从容。

4.5　期权卖方的止盈和移仓

期权卖方的止盈要比买方的止盈更加坚决，因为可以考量的因素比较多。比如，卖一张 500 元的期权，从卖出那一刻起，最大的盈利就是 500 元，而买一张 500 元的期权的最大收益可能是数千元（也可能归零）。当卖期权能快速获利，或者距离到期时间还很长觉得赚钱太慢时，可以考虑止盈和移仓。卖方止盈的条件和方法有以下几种。

1. 快速获利先止盈

如果卖出期权可以持有到期，假设还是 500 元/张的权利金，在月初的某一个交易日当天行情波动较大时，在这个合约上已经获得了超过 200 元/张的收益，这已经算是获取了较多的权利金，接下来的一个月只有少量的权利金收入了，那么这时就可以先止盈平仓，等待下次机会。

如图 4-9 所示，在 2019 年 5 月 27 日，50ETF 沽 6 月 2600 合约在不到一小时的时间内从 400 元跌到了 230 元。如果你是中期持仓，那么就可以在低点时平仓，等待下次机会，因为这时已经快速获得了多数的权利金收入。

图 4-9　50ETF 沽 6 月 2600 合约走势

2. 不赚"最后一毛钱"

若卖出一个期权合约，快接近行权日，或者该合约在较长的到期日前价格跌到 50 元/张以下时，按日计算权利金收入已经非常低，而标的刚好在横盘整理，波动率也低，或者标的运行方向刚好顺着这个合约的方向，这时则要小心方向性突破使得这类期权成为"彩票"，价格有较大的上涨。

如图 4-10 所示，2019 年 4 月底，该期权的最低价格是 31 元/张，距离到期时间还有两个月，预期到期收益率是 1%～1.5%，收益率不高，这时可以对该期权进行获利了结。果然，该期权随后从 31 元/张涨到最高 295 元/张，假如卖方当时没有平仓，就会为了收取 31 元的权利金暂时浮亏近 300 元，得不偿失。

图 4-10　50ETF 沽 6 月 2450 合约走势

3. 突破压力支撑线止盈

如果是方向性卖方或者看标的运行区间的卖出跨式，那么由于前面时间价值的损耗和波动率的下降及方向的磨损，就已经获取了较多的权利金。当标的改变了原来的方向，或者标的摆脱了震荡区间，这时候虽然从卖出期权盈利到亏损还有较远的距离，但也可能是标的新趋势的开始，应当考虑止盈。如图 4-11 所示，图中标识 1 处为支撑位，可以作为卖出跨式的止盈参考；标识 2 为均线压力位，可以作为虚值卖出认购的止盈参考。

4. 先收后押来止盈

有人喜欢做买方来博取高倍利润，有人喜欢做卖方来赚取稳健收益，其实可以将两者结合。在波动率和期权价格都高的时候，可以选择方向性卖方或卖出跨式先赚取稳健的收益，再用收益的一部分在波动率低和标的方向较为确定时做买方；还可以先卖出一个期权，如从 500 元/张卖到

50 元/张平仓。如果觉得标的可能会有反转走势，或者标的在横盘震荡但可能选择涨跌方向，以及波动率较低和距离到期时间比较短，就可以买入开仓这张期权。如果归零，就相当于之前 500 元/张卖出的期权在 100 元/张止盈，回撤不大；如果 50 元/张的期权有较大涨幅，如涨到 100 元/张或 200 元/张，那么对这个月的买方来说，就是一件锦上添花的好事情。

图 4-11　2018 年 11 月—2019 年 2 月 50ETF 走势

卖期权的移仓操作，如果是顺着趋势进行操作，则要坚信这个趋势还会持续。如果卖出的虚值期权、平值期权、实值期权在短期内已经收取较多的权利金，则可以继续持有；如果在较长时间中期权下跌的速度变慢，收益的金额也不高，则可以考虑向新的、与原来卖出期权价格差不多的期权合约移仓；如果趋势还在继续，则可以享受因新合约价格快速下降而获得的收益。比如，花 4000 元保证金卖出一张价格为 500 元的期权，当它的价格下跌到 100 元/张时，进行平仓后再卖出下一张 500 元的期权；当价格再跌到 100 元/张时，继续卖出下一张 500 元的期权，如此往复，在趋势性行情中，卖期权一个月的收益率就可以突破 20%。

但是，期权的移仓也要注意行情的反转，因为行情反转会快速吞噬之前的利润，这就要做好分批移仓、控制仓位，并及时控制好回撤，做好止盈、止损。

4.6 期权卖方的止损

一般来说，卖方舒服赚钱的姿势太久了，必然会有一场"山火"来对投资者的结构进行一次洗牌，淘汰那些在风控上不慎犯下错误的人。2017年5月下旬、2018年2月初、2019年2月25日的50ETF的大波动行情就是这样的例子。

关于止损，其实90%的止损交易只要扛过去就都能转亏为盈。但是在这个过程中，市场的大幅波动对投资者的交易心理的考验是很大的，更何况，还有另外10%的行情一直走向不利的方向，最终还有爆仓的可能性。因此，不管是买方还是卖方，止损都是有必要的。

期权的开仓应紧密结合均线系统，如若行情在20日均线以上，则不卖出认购；若行情在20日均线之下，则少卖出认沽。

在时间框架下，期权的止盈和止损：每个月的前半月赚的是看对方向加上波动率下行的利润，这时时间价值的流逝相对缓慢，投资者可以考虑移动止盈；后半月是时间价值的加速收割期，这时如果投资者已经获利，就不能让口袋里的钱再跑掉。

如果期权买方不止损，那么亏损的最大金额就是当期投入的本金。比如，一张500元的期权最大亏损是500元，而如果卖出了200元/张的虚值期权，一旦行情朝着对你不利的方向发展，那么承受的亏损可能是 200～1000元。图4-12所示为50ETF购2月2550，2019年2月22日该期权的最低价格为 250 元/张，最高价格为 745 元/张，2 月 26 日该期权的最高价格为 2692 元/张。假设在 250 元/张时卖出该期权，如果不止损，那么承受的最大亏损就为 2400 元/张。

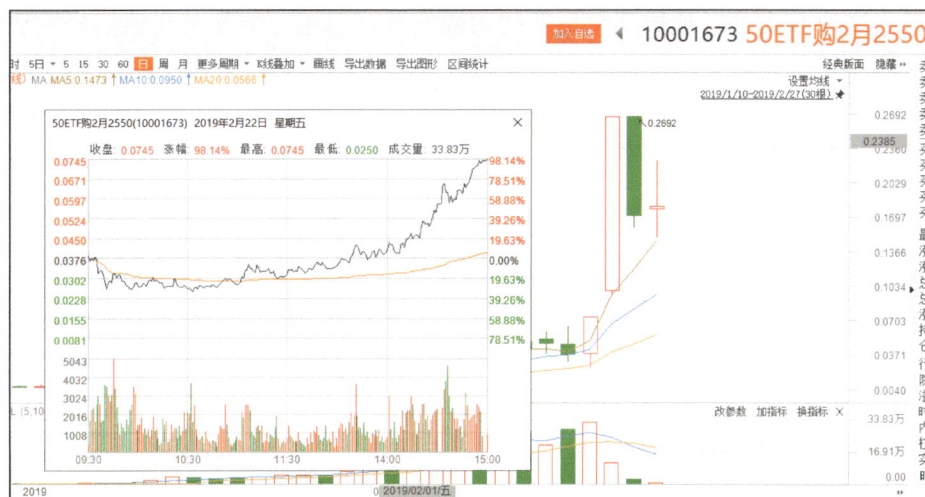

图 4-12　50ETF 购 2 月 2550 合约走势

笔者确实在 2019 年 2 月 22 日卖出了 2550 认购合约和 2550 认沽合约，当时觉得距离合约到期时间不太长了，一对 2550 认购和认沽跨式期权的价格为 500 元左右，在接下来的三四天内，如果标的价格在 2.5～2.6 元波动，笔者就可以收到部分或全部的权利金。在 2 月 22 日上午，2550 认购合约的价格为 250 元/张左右，卖出开仓，下午 2550 认购合约在最后一小时飙升到约 700 元/张，有部分减仓但并没有平仓，最后剩余 100 张过夜。

1. 浮亏比例止损

如果是单式或者组合式卖出期权，那么就可以在有浮亏时按照浮亏的比例来止损。比如，如果浮亏超过了保证金的 2%～5%，即保证金为 3000 元/张的期权（权利金约为 300 元/张）短期内反向波动 60～150 元/张，则应该止损出局，这种方式简单明了。

2. 权利金翻倍止损

卖出一些深度虚值期权（如 50～100 元/张），这本来就是没有多少利润的小本生意，因此当权利金反向波动超过应收的权利金时，则要进行止损。这种方式可以抵抗期权后期的大幅波动，但也可能还是在该期权波动后归零，而浪费了收取这笔权利金的机会。

3. 账户资金总额止损

假设持仓的期权有买有卖，而卖出的跨式期权已经不平衡，如同样卖出 200 元/张的跨式期权，一个合约已经跌到了 50 元/张，另一个合约却上涨到了 400 元/张，这时候就应该检查一下账户资金总额。如果总资金已经出现浮亏，则应该不计成本地全部平仓，等待下次机会。

4. 低点反弹止损

假设卖出的期权在开始时不断下跌，不久后该期权合约又开始反弹，那么可以在该期权反弹的过程中止损或止盈。

5. 技术面止损

技术面止损是比较靠谱的量化方法，其可以根据分钟、日等均线的上穿和下穿、MACD 的金叉和死叉及背离等简单技术指标来设置止损。若买方参考日线来设置止损，那么其实际亏损就已经相当大了，但是对于卖方是可以承受的。

6. 接近平值止损

当卖出的虚值期权不断上涨直到接近平值期权时，短期波动率和时间价值的衰减对其影响较小，而 Gamma 值也达到峰值，这时如果标的没有马上转向，那么其价格实际上较难回落，若继续持有卖方，则如逆水行舟，不如先止损再说。

7. 波动率止损

当波动率处于下行通道时，期权的卖方经常"躺着赚钱"，但是当波动率在底部区域横盘一段时间后，则要注意波动率快速上升带来的亏损，因为这时不管是单卖还是双卖，都可能造成亏损，甚至出现即使看对方向也亏损的情况。

8. 对冲

在浮亏刚刚产生或者浮盈刚刚回撤时，可以充分运用买入实值、卖出反向等对冲的手段来控制账户总体的资金。

上述这些止损技巧，都是笔者用大量资金试错得来的经验，大家可以参考。

5

第 5 章

期权卖方的进阶思考

5.1 卖方视角的末日期权

末日期权是勇敢者的游戏，如果做得好，在一天之内就有可能获得数倍的利润，在极端情况下甚至会获得上百倍的利润，而同时虚值期权、平值期权和实值期权都有过末日归零或大跌的现象。那么，可不可以反其道而行之，从卖方角度来做末日轮呢？答案是可以的。

一、基本原理

从卖方角度来做末日轮，其想法和买方刚好相反。买方做末日轮主要是想在到期日的前几天标的能有较大的波动，如 Gamma 的波动和 Delta 的变化能让平值期权和轻度虚值期权的价格大幅波动，使期权价格从几十元上涨到一百多元，甚至数百元。

卖方是想在期权到期前，每一张期权的时间价值几乎都要归零，波动率要收敛，以便可以榨干期权的每一分价值。由于买方不想行权（因为行权需要大量资金）而竞相平仓，出现期权价格低于其内在价值的现象，严重贴水（这种情况在熊市中认购期权时容易发生）。例如，2018 年 12 月的末日轮，其内在价值还有 200 多元的 50ETF 购 12 月 2250 合约在尾盘跳水跌到 10 元/张（图 5-1）。当然，在卖出末日轮时，未必是裸卖，采用一些对冲措施来赚取这些"烟头"（权利金很低的期权）比较好。

图 5-1　50ETF 购 12 月 2250 合约走势

二、主要策略

投资者要先对最后几天或行权日当天的标的有一个判断，判断是大涨、大跌、横盘，还是会来回大幅波动，并做好一些应对。以行权日来说，可以从主要成分股和板块的协同性方面来观察。若早盘主要成分股和板块协同上涨 0.5%或 1%以上，则当天行情上涨的概率较大；若早盘主要成分股和板块协同下跌 0.5%或 1%以上，则当天行情下跌的概率较大；若主要成分股和板块协同性不好，涨跌不一并且幅度不大，那么当天行情就会窄幅震荡，认购期权和认沽期权出现双杀的可能性较大，这就是卖期权做末日轮的好时候。下面讲述具体的应用策略。

（1）单向卖出期权策略。如果看好某个方向，则可以单向卖出期权，一般卖出虚值期权和平值期权。在行权日卖出期权除了对方向性的判断，还有时间价值归零和波动率回归的优势，甚至还能赚取贴水的收益。

（2）卖出跨式/宽跨式策略。该策略适合判断行权日是否为震荡行情，如果标的刚好在平值附近，那么早盘超过 100 元/张的认购期权和认沽期权就都会归零或接近零。或者虚值一挡早盘价格在 50 元/张左右的认购期权和认沽期权，如果当天标的波动不大，收盘时它们就基本都会归零。

（3）垂直/对角/日历价差策略。如果是想获得行权日平值期权或虚值期权的时间价值，但是又不想承担过大的风险，则可以使用以下策略。

垂直价差策略——卖出本月平值期权或虚值期权，买入实值期权。

对角价差策略——卖出本月平值期权或虚值期权，买入下月实值期权。

日历价差策略——卖出本月期权，买入下月同行权价的期权。

上述三种策略风险较小，但买入本月实值期权有一个风险，即在尾盘时该合约可能会贴水（尤其是熊市认购），需要及时平仓。

（4）备兑策略。即买入现货，同时卖出有时间价值的本月虚值认购期权和平值认购期权，以获取时间价值衰减和可能的期权贴水的利润。如果担心行情在行权日会下跌，则可以备兑还有时间价值的实值期权和深度实值期权，但要考虑好是否准备被买方行权。

三、仓位控制

不管是买期权还是卖期权，在行权日最重要的都是做好仓位控制。买方应该用能亏得起的钱或者前面赚取利润的一部分去进行操作，卖方也要用可以承受的亏损去操作，但不管是做买方还是做卖方，前提都要做好仓位管理，因为有很多虚值末日期权在行权日前两天或者当天可能上涨两三倍，从每张的几十元涨到一两百元，但随着波动率的回归、时间价值的衰减，以及最后未能变成平值期权、实值期权，最终都逃脱不了归零的命运。若卖方不能控制仓位的话，就会占用较多保证金，一旦遇到相反的走势就不得不止损，虽然最后该合约还是归零，但若在途中减仓止损也会损失掉不少的利润。

做好仓位控制，既可以使保证金在反向波动时不被追加，也可以有资金去做好对冲，还可以从容地应对期权短期价格波动和波动率的变化，最后赚取期权归零的权利金。

四、风险管理

买末日期权具有收益无限、风险有限的特点，卖末日期权与此相反，其特点是收益有限——最多就是获取该合约的权利金，该权利金可能只有几十元；风险无限——如果碰到 2017 年 12 月行权日那样的极端行情，即虚值 2 挡的 50ETF 沽 12 月 2847A 合约，从最低的 3 元/张上涨到最高的 510元/张，那么损失不容小觑。

卖末日期权除了要进行仓位管理，还有以下几个方面需要注意。

（1）做好对冲。为赚取最后的时间价值和标的窄幅震荡带来的沽购双杀的利润，可以采取卖出单式和卖出跨式策略，其实最安全的办法就是做好对冲，既可以用反向的卖方来对冲，也可以用标的、当月实值、下月实值来对冲。

（2）及时止损。如果标的运动的方向和卖出期权的方向相反，并且这种趋势还在持续，如卖出了认购期权，而日内成分股涨上去却跌不下来，眼看着轻度虚值期权变成平值期权、实值期权，那么及时的认输止损就是非常有必要的。投机失败，就要及时止损改错。

（3）分批止盈。当卖出的期权在平值附近但有些获利时，则可以执行分批止盈。因为最后阶段可能会有大头针风险（**Pin Risk**），即在标的最后收盘时，既不知道卖出的期权是会变成实值期权还是会变成虚值期权，也不知道买方会不会行权，所以分批止盈是一个好的选择。

（4）防止流动性风险。众所周知，期权具有熔断机制，当期权价格距离上一个集合竞价偏离50%时会熔断3分钟。对于末日期权，在行权日的下午，由于标的波动，使得一些虚值期权（尤其是价格在100元/张以下的期权）很容易来回触发熔断机制，这时就要特别注意流动性风险。不管在什么情况下，如果尾盘不能平仓，那么买方最多是纸上富贵，而卖方则可能被买方行权，这时就需要准备大量的资金或券来应对行权，否则就是违约。

（5）不要在尾盘开新仓。一般来说，在行权日的下午都不开新仓，而是进行收尾操作，因为这时候时间已经不多了，开新仓不知道会有怎样的风险，因此要及早了结。

（6）留足资金和券。不论是为了在行权日的下午（未能及时平仓）应对买方的行权，还是为了在尾盘发现贴水的期权进行套利，都最好留足应对极端情况的资金和 50ETF 现货。卖认购需要预留现货、卖认沽需要预留现金接货，以防万一。

五、实战举例

2019 年 5 月 21 日，周二，行权日的前一个交易日，早盘 50ETF 走高，此时迅速卖出 5 月 22 日到期的沽 5 月 2700 合约。随着标的价格的上行，距离行权日很接近了，50ETF 的价格在 21 日已经难以再度跌破 2.7 元了，所以该合约的价格迅速从约 200 元下跌到上午收盘前的 40 元左右（图 5-2）。

图 5-2　50ETF 沽 5 月 2700 合约走势

对于第二天就要到期的合约来说，跌到 40 元就已经没有多少下跌的空间了，而且 50ETF 在走势上似乎有短暂高点的情况（接近 2.75 元），如图 5-3 所示。

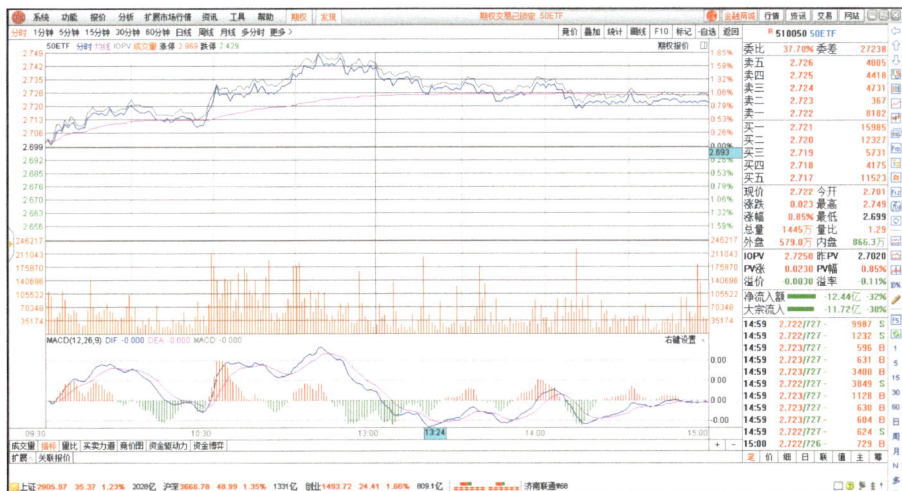

图 5-3　50ETF 走势

虚值 50ETF 购 5 月 2750 合约处于一个比较高的价格（图 5-4），基于对 50ETF 的价格在 21 日不再大幅上涨的预期，在上午收盘前平仓了 2700

认沽合约（图5-5），反向卖出2750认购合约（图5-6）。

图 5-4　50ETF 购 5 月 2750 合约走势

报单时间 ▽	合约	买卖	开平	挂单状态	报单价格	合约名称
11:16:45	10001786	买入	平仓	全部成交	0.0043	50ETF沽5月2700
11:16:45	10001786	买入	平仓	全部成交	0.0043	50ETF沽5月2700
11:16:45	10001786	买入	平仓	全部成交	0.0043	50ETF沽5月2700
11:16:45	10001786	买入	平仓	全部成交	0.0043	50ETF沽5月2700
11:16:45	10001786	买入	平仓	全部成交	0.0043	50ETF沽5月2700
11:16:45	10001786	买入	平仓	全部成交	0.0043	50ETF沽5月2700

图 5-5　平仓 2700 认沽合约

报单时间 ▽	合约	买卖	开平	挂单状态	报单价格	合约名称
11:18:40	10001778	卖出	开仓	全部成交	0.0124	50ETF购5月2750
11:18:29	10001778	卖出	开仓	全部成交	0.0126	50ETF购5月2750
11:18:24	10001778	卖出	开仓	部成部撤	0.0128	50ETF购5月2750

图 5-6　卖出开仓 2750 认购合约

随着标的的下行和隐含波动率的下降，且投资者对短期内标的价格再次上涨到2.75元的期望减退，在21日下午标的处于横盘震荡的走势时，该合约一路下行，收出低点。最后，卖方在这两个合约上都有所获利（图5-7）。

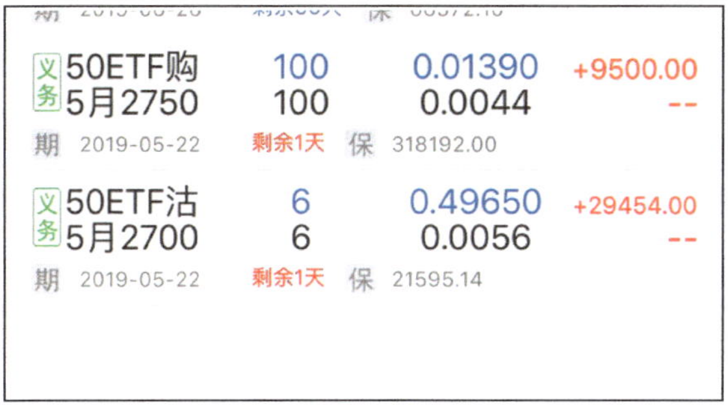

图 5-7　使用卖方在末日轮上获利

5.2　商品期权的卖方交易机会

一般来说，针对商品期权投资者不做裸卖方，而以做方向性买方为主，但很多时候，在有一些确定性的卖方机会时，可以布局一些资金进行尝试。

一、商品期权卖方的保证金制度

商品期权的卖方保证金比 50ETF 期权的保证金低一些，收取标准为下列两者中的较大者。

（1）权利金＋期货交易保证金－期权虚值额的一半。

（2）权利金＋期货交易保证金的一半。

其中：

看涨期权虚值额＝Max（行权价－期货合约结算价，0）×期货合约交易单位；

看跌期权虚值额＝（期货合约结算价－行权价，0）×期货合约交易单位；

商品期权的保证金一般不超过商品期货的交易保证金。

目前，在白糖、豆粕、玉米等品种上有组合保证金制度，在使用卖出跨式或宽跨策略时，交易保证金收取标准为卖出看涨期权与卖出看跌期权交易保证金较大者加上另一部分权利金；备兑开仓组合的交易保证金的收取标准为权利金与标的交易保证金之和；价差策略的保证金也比较少，这样可以极大地提高资金的利用率，并且可以灵活地使用一些期权策略。如图 5-8 所示为笔者某时段的商品期权卖方持仓。

持仓	行权	委托	成交	预备单	条件单	损盈单	资金	合约				
标的▲	合约号	买卖	相对结算价	相对收盘价	刀	今仓	>...	开仓...	盈亏	市值	保证金	投保
CF909	CF909C13000	卖	虚值	虚值	5	5	5	335	250	8,125	58,550	投机
m1909	m1909-P-2700	卖	虚值	虚值	12	12	12	24.08	10	2,880	36,611	投机
m1909	m1909-C-2800	卖	虚值	虚值	6	6	6	39.33	-40	2,400	18,681	投机
3个									220	-13,405	113,842	

图 5-8　笔者商品期权卖方持仓

二、商品期权的区间性卖方

当对某个商品（比如农产品）的基本面有比较深刻的理解，认为商品有成本价（种植成本、开采成本），短时间内供需关系也不会有太大的变化，或者该品种刚好长期在一定范围内震荡时，可以尝试使用卖出宽跨式期权，卖出上方压力位行权价的认购期权，再卖出下方支撑位行权价的认沽期权。如此，随着时间的推移，就可以比较稳定地获取权利金，慢速运行的玉米、底部震荡的橡胶，以及如图 5-9 所示的在一定范围内长时间波动的棉花。

图 5-9　在一定范围内波荡的棉花

三、商品期权的方向性卖方

当对某个商品在一定时期内的方向有一定看法时，除了用买方来操作，也可以用卖方进行操作，如图 5-10 所示中的豆粕。方向性卖方策略分为单向卖方策略和价差策略，其中单向卖方策略是看好该商品上涨或下跌的趋势后，可以卖出虚值期权、实值期权、平值期权，若该商品上涨或下跌的方向和速度保持一致，那么卖出一个合约或者移仓操作，也会获得比较丰厚的利润。

图 5-10　豆粕指数走势

使用卖方做方向性操作的优点：①可以容纳更多的资金。卖方需要的保证金比买方需要的权利金高，因此购买同样张数的期权需要更多的资金。②概率上更占优势。有时候卖出虚值期权比买入虚值期权获利的概率确实更高。③时间流逝的优势。如果持有的时间较长，那么时间就是有利于卖方这边的，因此卖方在时间的维度上具有优势。

当然使用卖方做方向性操作也有致命的缺点：如果标的出现反方向、大幅度快速运动，那么卖出的期权合约就会快速上涨，这时候如果不及时采取止损就会有大幅亏损，如图 5-11 所示。

图 5-11　最大涨幅 200 倍的棉花期权

四、在极端行情后波动率下降的机会

在期权投资中，有人觉得期权方向非常难以把握，但是不管是在 50ETF 期权还是商品期权上，都会有一些确定性的机会的。比如，在行情大涨或大跌时，波动率大幅度上升，如果行情没有延续大涨或大跌，那么不管标的小涨或小跌的方向如何，都有一点是确定的——波动率的快速下降回归平静就给卖期权提供了一次好机会。

2019 年 5 月 29 日豆粕期货 1909 合约涨停。在期货涨停之后，认购期权继续上涨（图 5-12 和图 5-13），直到涨停，这时候期权的波动率升高较多，即从前几天的 20%快速上升到了 40%。从交易的角度来看，一方面是期货空头在期货涨停后没有办法止损，于是买入认购期权对冲来减少损失；另一方面是有投资者继续看好豆粕期货上涨，追着买入认购期权，导致认购期权涨停。而波动率的大幅上升，除投资者买入的情绪较高以外，从期权定价公式上来看，因为标的价格涨停就不再波动、期权合约的到期时间和行权价等因素都是固定的，因此期权价格的上涨自然也反映在波动率的上升上。

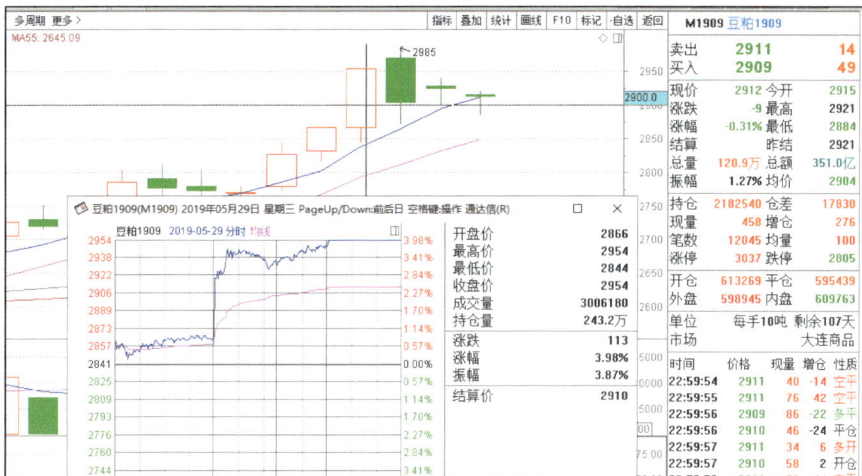

图 5-12　豆粕 1909 合约走势

图 5-13　豆粕 1909 购 2950 合约走势

　　但是，第二天豆粕期权并未继续涨停，甚至出现了较大幅度的下跌，因为投资者的看涨情绪被泼了一瓢冷水。大家认为认购期权的价格与昨天收盘的价格不符，于是纷纷夺路而逃。除了标的价格下跌带来的认购期权价格下跌，从图 5-13 中可以看到波动率也快速回落，其对期权价格的影响也是较大的，结果是前一天虚高的认购期权几乎被腰斩。

　　如图 5-14 所示，2019 年 5 月棉花期货 1909 合约连续两个跌停，图 5-15 所示为认沽期权前两天涨幅非常大，但后一天棉花期货小幅反弹，不到前一天下跌幅度的 1/3，但是认沽期权把前一天期货跌停时的涨幅全部又亏掉了，这也是在经过极端行情后，波动率快速下降的结果。

图 5-14　棉花期货 1909 合约走势

图 5-15　棉花 1909 沽 14200 合约走势

当出现这样的机会时，可以尝试使用卖方来操作，这比买入反方向的期权效果更好，当然也要做好一定的应对措施，坚决止损。

五、期货和期权结合的卖方机会

投资者还可以使用期货和期权来构建类似备兑策略。相对于 50ETF 期权的备兑策略只能做多标的、卖出认购来说，期货和期权的类似备兑策略还可以做空头备兑策略，即期货做空，再卖出认沽期权。类似备兑策略和 50ETF 期权的备兑策略相似，也可以应用在一些特殊场景中。比如，假设在极端行情下棉花在两个跌停后可以做空头备兑策略，即棉花期货在做空的同时卖出认沽期权，由于后面标的小幅反弹，做空的棉花期货损失很小，即使认沽期权下跌较多，但这个组合整体会盈利。如果棉花继续下跌，期货端就会赚钱，期权端则要看波动率有没有升高。若波动率没有明显升高，则虚值期权的价格上涨不会超过期货价格的上涨，该组合还是会盈利。

5.3　小探美股期权

因为美股个股波动比指数波动大，所以这会导致个股期权的波动比国内的 50ETF 期权的波动大，盈亏变化也更大，因此投资者应该分散投资在不同的个股上，用期权买方做好标的的趋势跟踪。但在美股期权上，结合制度的优势使用期权卖方，收益会更稳定。

1. 美股期权的优势

美股指数期权和个股期权相比国内的 50ETF 期权，具有以下优势。

（1）趋势性更好。自 2018 年 1 月后，美国三大指数屡创新高，走出了很好的上升趋势，特别是很多科技股、中概股。

（2）标的更多样。一般美股指数期权和个股期权的趋势性都很好，这样就可以做单边标的，而且标的更多样。

（3）可实现"一招鲜"。有人说，精力有限，看不过来那么多标的，但这刚好是技术派的一个优点，即只选择符合自己开仓条件的股票来做期权，单边做多或者单边做空就好，实现"一招鲜吃遍天"。

（4）利润更高。大家知道，个股涨跌起来的幅度比指数波动的幅度大，也就有了期权能赚取更高利润的可能性。近两年，50ETF 期权单边 10 倍以上的期权合约比较少，但在美股个股期权中，赚取虚值几倍、几十倍，甚至几百倍利润的情况却很常见。

2. 美股期权的开户及看盘

目前，在国内能够开设美股期权账户的互联网券商有富途牛牛、盈透证券、雪盈证券、老虎证券等，投资者一定要选择正规的平台，且在做美股期权时不要投入太多资金。

美股看盘的工具有很多，QQ 股票、东方财富、金色香江等软件都可以提供实时的行情服务。笔者看期权行情使用的是富途牛牛、老虎证券、Thinkorswim、TDAmeiritrade 等软件，其中部分软件需要开户才能提供期权行情服务，读者可自行选择。

3. 美股交易基本规则

（1）交易时间。美股的交易时间，盘前：04:00—9:30；盘中：09:30—16:00；盘后：16:00—20:00。

（2）交易单位及涨跌幅。美股没有"手"的概念，最小交易单位是 1 股。A 股每手数量为 100 股，港股每手数量为 100～2000 股不等，美股没有单日涨跌幅的限制。

（3）日内交易。美股名义上是 T＋0 交易，实际上是由美国证券交易委员会规定，若现金账户总值低于 2000 美元，就只有在资金已经交割的情况下才可以进行 T＋0 交易，否则将被禁止交易 90 天。比如，你的资金已经交割，当天买进的股票当天就可以卖出。如果你再用这笔资金继续买进，则需要等 3 个交易日，在资金交割之后方可卖出。在 3 个交易日之内，都不可以进行交易。

如果账户净资产不足 25 000 美元，且账户在连续 5 个交易日内达到 4 次 T＋0 交易的，则该账户就被禁止开仓交易。为了避免触发交易限制的规则、保护客户交易权限，部分券商的账户最多允许 3 次 T＋0 交易。美股的 T＋0 交易次数与港股的 T＋0 交易次数都是累计的，在达到 3 次后系统会限制新的开仓。

当账户净资产大于 25 000 美元时，才可以进行无限次的日内交易。

（4）资金门槛。有的美股很贵，如苹果、阿里巴巴都是几百美元每股，亚马逊是一千多美元每股，巴菲特公司的伯克希尔-哈撒韦股票为 28 万美元每股，但最小交易单位都为 1 股。

（5）做空机制。大多数美股的股价都高于 5 美元，流通性良好的股票都有做空机制，即先卖后买。

4. 标的选择

对于国内的散户来说，如果没有精力和渠道去了解数千只美股的情况，就可以避繁就简，做好跟踪，看对趋势，选择 3（三大指数）＋10（十大知名股，10 为概数，即一些知名股票）＋10（十大知名中概股，10 为概数，即一些知名中概股）的标的就可以了。

（1）三大指数。即道琼斯指数、纳斯达克指数和标普 500 指数。

（2）一些知名美股。可在图 5-16 所示的知名美股中选择自己熟悉的股票，这些股票一般业绩好、流通性好、股价趋势稳定。

（3）一些知名中概股。这些股票的企业注册地、经营地、产品、用户都在我国，涉及的很多方面大家都很熟悉（图 5-17）。

知名美股	美股涨跌榜		
名称	最新价 ⬍	涨跌额 ⬍	涨跌幅 ⬍
苹果	188.84	-1.96	-1.03%
谷歌	1152.26	+0.14	+0.01%
埃克森美孚	80.66	-1.23	-1.50%
微软	100.13	-1.29	-1.27%
Faceboo	195.85	-0.96	-0.49%
推特	45.80	-0.96	-2.05%
Snap	14.02	+0.15	+1.08%
通用电气	13.30	-0.22	-1.63%
eBay	38.89	-0.11	-0.28%
甲骨文	46.28	+0.38	+0.83%
亚马逊	1715.97	-7.89	-0.46%
沃尔玛	83.70	-0.09	-0.11%
富国银行	54.98	+0.24	+0.44%
高通	59.86	+0.40	+0.67%
英特尔	55.11	-0.43	-0.77%
高盛	231.92	-1.73	-0.74%
花旗	66.34	+0.18	+0.27%
美国银行	29.28	-0.22	-0.75%
摩根大通	107.90	-0.13	-0.12%
GPRO	6.23	+0.01	+0.16%

图 5-16　知名美股

互联网中国	中概股涨跌榜		
名称	最新价 ⬍	涨跌额 ⬍	涨跌幅 ⬍
新浪	94.58	-1.68	-1.75%
阿里巴巴	208.00	-2.86	-1.36%
百度	272.97	+2.33	+0.86%
京东	43.59	-0.16	-0.37%
唯品会	11.23	+0.12	+1.08%
网易	254.88	-0.16	-0.06%
哔哩哔哩	19.65	-0.85	-4.15%
携程网	51.72	+0.58	+1.13%
汽车之家	118.91	+1.79	+1.53%
欢聚时代	114.78	-4.01	-3.38%
微博	109.68	-1.63	-1.46%
搜房网	4.52	-0.06	-1.31%
聚美优品	2.80	+0.03	+1.08%
爱奇艺	40.16	-0.35	-0.86%

图 5-17　知名中概股

5. 期权策略

投资者在做美股期权之前，最好在国内有丰富的股票和期权交易经验，如熟悉了 50ETF 期权的各种策略，再进入美股市场。美股期权的策略玩法可以分为如下几种。

（1）顺趋势，做买方。不做短线，做好大波段操作，从平值期权做起。如果做对方向，就会有几倍甚至几十倍的收益，但每个合约的投入资金不可以太多。

（2）寻突破，买跨式。若研究某标的已有较长时间，那么在重要事件、重要财报公布前，就可以买入跨式期权。美股期权的到期日非常多，行权价的选择非常多，跨式、宽跨式的选择也非常多。当标的朝某方向突破后，再双向获利了结或追随趋势以获取最大收益。在美股的财报季，许多公司都会出财报，这些财报有利好，也有利空。关注财报时间表，可以提前进行布局，如图 5-18 和图 5-19 所示。

图 5-18　富国银行在公布财报时暴跌

图 5-19　百事在公布财报时暴涨

当然，对于不同的股票，也要考虑在买入跨式期权时的虚实程度。科技股和中概股波动大，隐含波动率高，买入跨式期权可以稍微虚一些；传统行业的股票波动小，买入跨式期权不可以太虚。

但是，在财报公布之前，不管是买入跨式的投资者太多，还是卖方机构为了防范股价大幅波动引起期权价格波动带来风险，都会拉大期权 bid 和 ask 之间的差距，这会导致波动率升得非常高，甚至高于100%，这也会使期权的价格很高。这时候做买方就不合适了，有经验的投资者会根据该股票以往在财报期间的波动幅度和波动率的高低，选择一个适当宽度的虚值期权行权价来卖出跨式，为的是避免在财报出来之后，"靴子落地"的那一下——波动率崩塌。在财报出来之后，并不知道股价是涨还是跌，但有一点是确定的，那就是靴子落地时的波动率崩塌。

（3）找拐点，常布局。当某标的涨了很久或跌了很久时，若觉得会反转，那么用期权来抄底或摸顶是非常不错的选择。对指数和 ETF 都可以这样操作，前提是要将资金分成许多份，因为前几次的猜拐点资金可能都会打水漂，但只要猜对一次就能获利丰厚。

（4）广撒网，来秋收。对于熟悉的几个标的，投资者可以分配好资金分别投入，选择不同的到期日、行权价，买了放着先不管，等快到行权日时再来收取，只要有一部分股票能够突破，期权就能收回成本，或许还能获得较大盈利。

（5）末日轮，中大奖。美股期权每周都有最后到期日，如标普500ETF（SPY）每周一、周三、周五都是到期日，这会使得到期日前几天的期权价格非常低。股价在短期内突破，可以布局一周左右到期的期权，买一个方向或做跨式期权，也许就能收到"十网撒网九网空，一网收货就翻身"的效果，当然还要做好严格的资金管理。

（6）做卖方，赚稳钱。一些市值比较大的股票常常喜欢碎步小阳，若用虚值认购期权来做，则收益往往不太好；但若用认沽义务仓来做，收入就会比较稳定，但这需要比较多的资金，也就是可以容纳更多的资金。一般来说，保证金是股价的 20%，并且在美股期权上有组合保证金制度，即同时卖出认购期权和认沽期权，只收取一边的保证金，而使用垂直价差策略、对角价差策略、日历价差策略等不收取保证金，这点非常好。当你看好某个股票或指数时，买入远期认购期权，但认为近期无法大涨，再卖出近期虚值认购期权。如果标的在近期结束时未能上涨到卖出期权的位置，则卖出的期权归零，远期期权可能还有所上涨，这就在一定程度上弥补了买入期权的成本。如果多做几个周期或者做比率价差策略，可能买方就变成了零成本。

（7）小投入，来做空。有些投资者喜欢做拐点交易，认为牛市太久后总会暴跌，或者大幅下跌后会反弹，于是投入少量的资金来期待"黑天鹅"的出现，如有人买了几个月的认沽期权，终于等到 2018 年 10 月美股大回调。

6. 合约选择

做惯了上证 50ETF 期权的投资者，对于每年 4 个到期月，每个月至少有 9 个行权价的期权合约应该非常熟悉了。但对于每周都有到期日的美股期权来说，投资者该如何选择呢？

首先根据自己的风险偏好来选择具有不同风险的期权，然后最重要的是资金管理，分开撒网。

从图 5-20 中可以看出，当前股票价格为 43 元，期权行权价为 29～50 元，行权价 0.5 元一挡。而对于标的亚马逊来说，期权行权价为 1200～2500 美元，跨度非常大。周期权一般提前一个半月上市，月度期权上市的时间一般是 3 个月左右，面对这么多的行权月和行权价，确实让人迷茫，其实只要把握以下几个原则，就比较容易选择合约了。

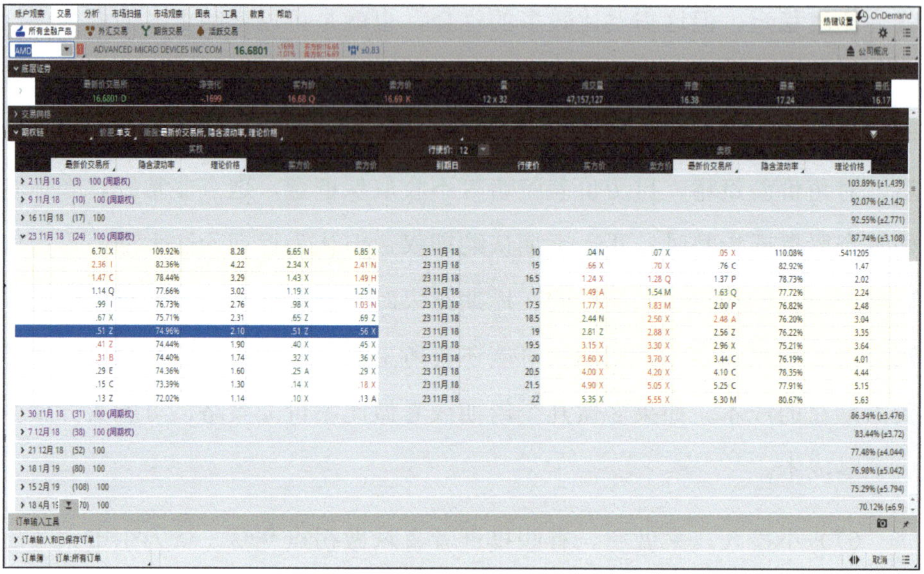

图 5-20　挂牌的期权合约到期日

（1）立足标的。投资美股期权的目的，从根本上来说还是赚取标的波动的利润。标的的运行趋势（涨跌）、波动率的涨跌等都会影响对期权合约的选择。

（2）时间选择。美股期权在期权合约到期时间的选择上很有讲究，如果要博取短期标的的波动的利润，就买入下周或者下下周到期的期权，因为离到期时间近，时间价值少，期权价格比较低。如果标的短期大幅波动，则涨跌非常有优势，会获得很大的利润。而如果短期内标的的涨跌不能确定，但看好未来一段时间内会有比较大的涨跌幅度，一般就选择一个月或两个月后到期的月度期权，也不用辛苦晚上盯盘。

（3）虚实选择。一些上涨较慢的标的应该选择实值的期权，这样或许可以获取几倍的利润，如图 5-21 所示。

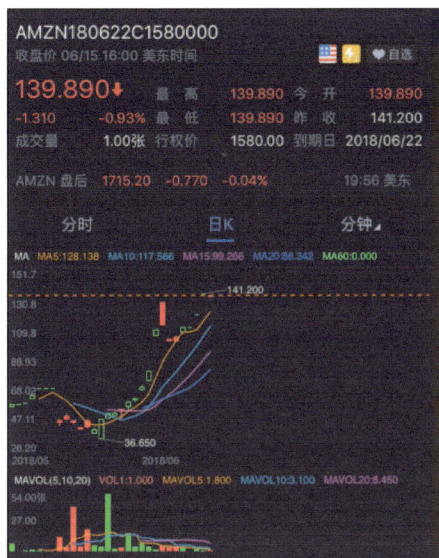

图 5-21　AMZN 180622 1580 CALL 走势

对于一些爆发力很强、股性比较活跃，又喜欢暴涨、暴跌的股票，如果短期内会有大的波动，则应当以小资金布局虚值期权，获得较大利润。

在行权价的选择上，如果买入的期权合约个数不太多，则一般选择整数价位，因为非整数价位的持仓量和流动性较差。

（4）量很重要。由于美股期权合约众多，在一个标的股上就有上百甚至上千个合约，如果你把大量资金堆积在一个不活跃、未平仓合约数量、成交量很小的合约上，那么买入和卖出的流动性就是个问题，买卖的点差也会很大。而如果月度期权的成交量、未平仓合约数量都很大，就能够有较低的冲击成本和较大的资金容纳量，这就是做一个月左右的月度期权的原因。

（5）看波动率。美股个股期权的波动率比 50ETF 期权的波动率高，标的的实际波动率也高很多。如图 5-22 所示，特斯拉期权的隐含波动率高达 70%左右，这时就要和历史波动率进行比较，做买方就不太合适了。

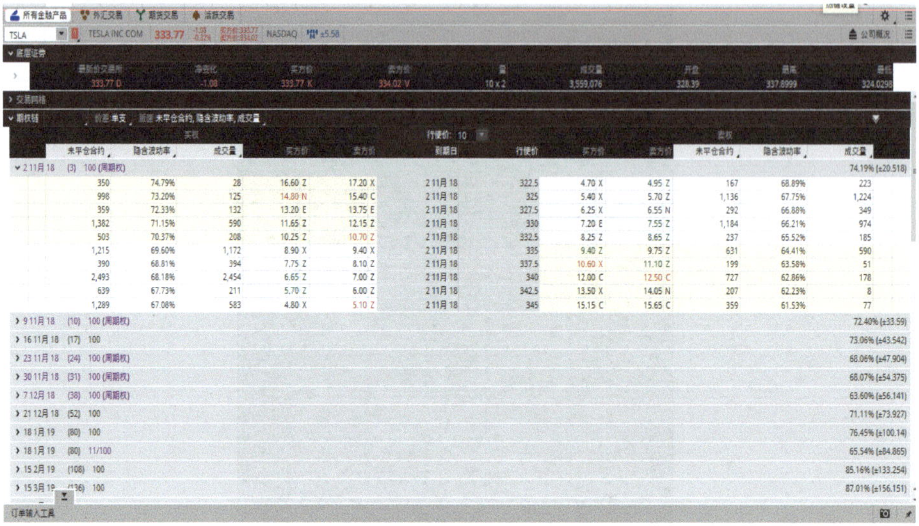

图 5-22　特斯拉期权的隐含波动率

7. 移仓操作

大多数投资者在开始进行期权交易时没有非常充足的信心，只敢买入平值期权和轻度虚值期权，而当有了较多的利润后，就可以将所持有的期权变成实值期权和深度实值期权，那么杠杆就会变小，这时为了获得较大利润就要进行移仓操作。若该股票的趋势并未改变，则可以将部分资金从实值期权换到虚值期权，或者换成推后到期日的虚值期权或实值期权，以获取更多利润，但移仓操作也要有度，不要全部移到近月虚值期权，以免最后将利润归零。

在一波上涨行情中，使用移仓有四个优势：

（1）上涨可以获取更多利润。

（2）能在横盘和小跌时躲避风险。

（3）能在大幅下跌时移仓对冲。

（4）在不同行权周期移仓时，可以用时间换空间。

8. 获利了结

当在某一合约或者某只股票的期权上有了较多利润时,如果该合约也即将到期,此时就要获利了结,落袋为安。

在落袋为安前,最需要考虑的因素是"这只股票的趋势改变了吗",如果没改变,则还可以通过在虚实之间移仓,即往更远到期日的期权移仓来让利润奔跑。

期权的获利了结一般分为以下四种方式:

(1)虚值期权向实值期权移仓。当出现反向波动时,实值期权的跌幅会相对较小,损失较少,再行平仓落袋为安。这种方式适用于行情后期涨幅较小的情况。

(2)实值期权向虚值期权移仓。实值期权按照等张数移仓到虚值期权,既保留了上行收益,又回收了大部分的资金。这种方式适用于预期行情还上涨,但是又怕下跌有大幅回撤的情况。

(3)买入反向期权做保险。用前面利润的 5%～10%买入反向期权合约做保险,同时前面的合约不要动。这种方式适用于行情上涨(下跌)厉害的情况。

(4)构建垂直价差。保持平值期权不动,卖出上方虚值期权构成垂直价差策略。在美股中做垂直价差的卖方不需要手续费,如果刚好没上涨到卖方合约的行权价,则可以将该权利金收入囊中;而如果超出了该行权价,则锁定了收益。

9. 几点建议

(1)大多数投资者对美股都比较陌生,最好在对其熟悉后再进行投资。

(2)如果具有国内 50ETF 期权、商品期权的操作经验,且熟悉各种期权策略，再投资美股就会更有把握。

（3）从风险控制和外汇管理的角度来看，投入美股期权的资金不要太多。

（4）做好资金管理，稳扎稳打，拒绝孤注一掷的"赌徒"行为。

（5）一定要在合法、合规的平台上操作。

（6）多学习英语，虽然你用的软件可能是中文版的，但好好学习英语还是有用的。

（7）分散投资，不要在一个标的上纠缠，需要很高技术才能获利的标的一般都不是好标的。

5.4 从失败的案例中学习

在变幻莫测的金融市场上，没有任何一种卖方策略能够高枕无忧，每一个做期权卖方的投资者都经历过或多或少的失败。但区别在于，有些失败能带来交易资本的暂时回撤，并且投资者知道在何时、何地能够把亏的钱赚回来；而有的失败则会给交易资本带来不可挽回的损失。

2018 年 2 月 6 日，中国台湾股市出现了"黑天鹅事件"（图 5-23）。当天中国台湾的加权指数（TWSE）跟随前一夜美股大跌，全天总跌幅高达 4.95%。而在刚开盘时，指数较前一日跌幅仅为 2% 左右，但在指数期权市场中出现了认沽期权和认购期权同时暴涨的情况。随后期权交易商开始对卖方头寸进行强平，导致出现了认沽期权和认购期权同时涨停的现象。卖方投资者在当天行情中损失惨重，有的在一天之内就亏完了之前所有的盈利，而有的输光了全部本金。

時間	201802W1 111500 CALL		201802 9500 PUT		201802 9700 PUT		201802 9800 PUT		201802 9900 PUT		201802 10000 PUT		201802 10100 PUT		201802 12300 CALL		201803 12400 CALL		201803 12600 CALL		201803 9600 PUT		201803 9700 PUT	
	價格	口數	價格	口數	價格	口數	價格	口數	價格	口數	價格	口數	價格	口數	價格	口數	價格	口數	價格	口數	價格	口數	價格	口數
昨日	0.1		1.7		1.8		1.8		2		2.6		3.3		1.2		1.1		0.8		10.5		12	
085013	0.3		15		24		30		38.5		47.5		58		1.2		1.1		0.8		54		64	
085014	0.3		885	100	400	300	33		38.5		47.5		59		1.2		1.1		0.8		54		64	
085015	0.3		885		27		1080	1422	1080	368	49.5		61		1.2		1.1		0.8		54		64	
085016	0.3		885		27		35		51		50		62		1.2		1.1		0.8		54		64	
085019	0.3		885		27		35		46		59		59		1.2		1.1		0.8		65		64	
085020	0.3		885		27		35		46		199		59		1.2		1.1		0.8		65		64	
085024	0.3		885		27		35.5		46		1090	180	59		1.2		1.1		2.4		65		64	
085025	0.3		885		27		35.5		46		1090	34	59		1.2		1.1		2.4		1100		65	130
085026	0.3		885		27		35.5		46		1090		59		1.2		1.1		2.4		1100	160	120	
085027	0.3		885		27		35.5		46		1090		59		1.2		1.1		2.4		1100		120	
085028	0.3		885		27		35.5		46		1090		59		1.2		2.8		2.4				82	
085030	0.3		885		27		35.5		46		49		62		1.2		2.9		2.4		1100		83	
085031	0.3		885		27		35.5		46		49		62		1.2		1050	270	2.4		1100		84	
085032	0.3		885		27		35.5		46		49		62		1050	264	3.2		2.4		1100		84	
085033	0.3		885		27		35.5		46		49		62		1050		3.2		2.4		1100		84	
085038	0.3		885		27		35.5		45.5		49		62		1050		3.2		2.4		75		84	
085048	0.3		21		27		35.5		45.5		52		64		1050		3.2		2.4		75		86	
085132	0.3		24.5		36		43.5		52		61		73		1050		3.3		3		79		98	
085133	399	260	24.5		36		43.5		52		61		73		3.6		3.3		3		79		98	
085146	199		24.5		36		43.5		51		62		75		3.6		3.3		3		79		97	
085147	199		1080	608	980	918	47.5		55		62		75		3.6		600	300	1050	196	79		97	
085148	199		399	176	880	332	52		56		62		77		3.6		600		1050		79		97	
085149	199		1070	50	459	16	52		62		970		950	904	3.6		600		1050		79		97	
085150	199		1070		459		52		62		71		950		3.6		600		1050		79		97	
085151	199		1070		459		52		62		74		82		3.6		600		1050		79		97	

图 5-23　中国台湾加权指数期权分笔成交（2018 年 2 月 6 日）

回顾这一事件，我们可以直观地看到导致这类"黑天鹅事件"的原因：一是市场深度不足，在早盘出现异常波动时，做市商和卖方平抑异常波动的力量不够；二是组合保证金制度使得卖方过度投机。在"黑天鹅事件"之前，中国台湾的股指期权市场采取的是组合保证金制度（即 SPAN 模式），对于双卖、牛熊差、比率价差等策略的保证金收取较低。有些经验不足的卖方，为了追求更高的资金利用率，卖出了过多的期权，导致在行情大幅波动发生时没有调仓应对的余地，只能被迫砍仓。在此事件之后，当地的监管机构也暂停了组合保证金制度。

对于投资者而言，可以学习的地方有很多。首先我们需要对极端行情有预判，在极端行情发生之前进行风控手段（如仓位管理、技术指标预判）永远比在极端行情发生之后再去应对要好。对于组合保证金，应该有更理性的认识。2019 年 5 月，大连商品交易所对豆粕、玉米等品种的交易规则进行了修订，对于备兑、宽跨式/跨式等策略实施组合保证金制度。这一措施不排除会带来标的出现高波动的情况，也不排除期权市场出现极端行情。

2018 年 11 月 19 日傍晚，期权投资圈被 James Cordier 的故事刷屏了：James Cordier 掌管的期权交易公司 OptionSellers.com 通过邮件告知投资者，其公司管理的账户遭遇了毁灭性的损失。James Cordier 爆仓的原因在于其裸卖卖空美国天然气看涨期权（Naked Short On Call），且没有任何对冲保护，如图 5-24 所示。

图 5-24　NYMEX 天然气日线走势图（2018.11—2019.02）

而就在 James Cordier 公布爆仓的前一天，美国天然气一度暴涨 22%，这可能也是导致其爆仓的直接原因。

但在这一天，我们只看到了天然气期权上百倍的增长，却没看到后面还有这么忧伤的故事。

James Cordier 在 2004 年出版了图书，其对期权卖方的优势、风险管理、新手误区、寻找优质交易商等描述得都很好，里面的一些交易理念也非常好，但是问题出在哪里呢？值得我们思考。

1. 主要原因

通过查找资料和其他投资者的描述，初步分析 James Cordier 这次投资失利有以下几个方面的原因。

（1）仓位过大。James Cordier 的基金有 290 个客户，平时的主要业务是期权卖方，资本收益完全来自于此。美国天然气在此前经历了数月的长期横盘的行情，而在 2018 年 11 月 15 日暴涨时，即使卖出深度虚值期权收益也有限，长期横盘的品种应该稳稳地赚取权利金，但最怕的就是在长期横盘后突然有一天出现行情大突破，使标的价格产生较大偏离，波动率也升高很多。

（2）逆势补仓。James Cordier 喜欢操作大豆、汽油、咖啡等带有商品属性的期权，不喜欢金融类的期权。在天然气价格波动巨大的时候，他可能觉得天然气不会上涨太多，所以最后却逆势补仓。

（3）保证金制度。美国期权市场的保证金普遍比较低，而且有组合保证金制度，按道理说做价差策略或者卖出跨式期权都还可以扛一扛，但 James Cordier 是单卖虚值认购期权。在 11 月 14 日天然气出现巨大波动时，券商一般都会要求追加保证金，否则就会被券商强制平仓，而如果被券商强制平仓，那就变成了真实的亏损。

类似的案例在 2018 年 2 月的 50ETF 期权上也出现过，如 50ETF 沽 2 月 2700 合约（图 5-25），从 1 元/张上涨到最高 1000 元/张，很多卖方在 300～1000 元/张的过程中止损出局，变成真实亏损，但回过头来看，只要多扛一天就可以扭亏为盈。但在进行左侧风险管理时，市场不会给你这样的机会，因为谁也不知道行情会不会继续上涨。

（4）知行难合一。James Cordier 的书中对卖方的风险管理、新手易犯的错误描述得很好，而且他有一个很好的观点：上涨途中不卖购，大跌之后可卖沽。因为对股票和商品来说，上涨途中的上涨速度会越来越快，谁也无法预测想卖认购的这个位置是不是顶部，而且在理论上上涨的空间远远大于下跌的空间，另外股票上涨可能会翻倍，下跌最多归零，但商品不会跌到零，因为现货有其成本价。除非遇到极端情况，否则股票一般很难持续大跌。大跌过后，波动率一般会非常高，只要不是持续大跌，波动率的回归就是卖方盈利的机会。

图 5-25　50ETF 沽 2 月 2700 合约走势

交易计划都可以做得很好，但是在真金白银真实地砸下去之后，缺少专业素养的投资者往往会忘记开始的计划而慌了阵脚，或者会因为后续资金跟不上而扛不下去，即使是专业素质很好的机构投资者也会因为极度自信、市场波动太剧烈及其他一些原因，而扛不过去波动率最高的那一刻。知易行难，看人挑担心不累，自己挑担累坏腰。

2. 风险管理

一次一次的极端事件给了投资圈茶余饭后的谈资，其实在看热闹的时候，投资者更应该关注后面的风险管理，管好自己的"钱袋子"！关于期权的风险管理应该从以下几个方面着手。

（1）买方的风险管理。期权买方的风险主要来自资金管理和归零风险。买方所能承受的最大风险就是亏完当期投入的本金，不会欠证券公司资金的问题，但前提是一定要做好资金管理。投资者只能用自己金融资产的少部分资金（比如 1%～10%）来单次投入期权，逆势不加仓，做好止盈、止损，或者按照"投入即止损"的思路，要么归零，要么扛到底，只有这样也许还有翻身的机会。

（2）卖方的风险管理。卖方的风险管理是重点，也是各种让人伤感的故事的起源。因为从理论上来说，卖方风险真的无限，若追加的保证金不够或者持仓量大使得资金流动性不足，就会加剧这个风险。

另外，给期权新手们一些风险控制的建议，具体如下。

（1）集腋成裘，梭哈必败。风险控制是第一位的，比如 2018 年 10 月 19 日和 22 日，有人买入认购期权并获取了 10 倍收益，并且在 10 月 22 日的下午还在全部移仓虚值认购期权，但如果在 10 月 23 日的大跌中不止损，那么利润就会损失殆尽。

（2）期权和股票有关联，但只是投资的第一步。众所周知，50ETF 期权挂钩上证 50 的成分股，商品期权挂钩对应的豆粕、白糖、铜等合约。知道预测标的的上涨和下跌，只是期权投资的第一步，后面还有更多精细化的工作要做。比如针对看涨，上涨多少、什么时候上涨、上涨的速度有多快、中间有没有回调等，这些都是选择期权合约的关键因素。股票可以长期持有，优质股票可以逢低补仓，但是由于期权合约有时限，因此，如果一旦趋势不对或逆势补仓，亏损和归零的概率就会很大。

（3）行情预测很重要，策略应对更重要。如果事前分析和预测的水平不够高，那么在事中做好灵活地应对也是极好的。比如，及时跟上做日内或短线操作，或者如果原来持仓方向反了就及时止损、对冲、反手，都是反败为胜的好方法。期权投资不怕亏，就怕没找到可以长期稳定获利或者抓住大好机会的方法。

（4）期权不仅有做多、做空，还有即使看对方向也亏钱的情况。因为波动率和时间价值的存在，所以针对已经快到期的标的，如果涨不到（跌不到）行权价，那么即使看对方向也会亏钱。

从图 5-26 中可以看出，2018 年 10 月 19 日 50ETF 大涨 3%，但虚值价格在 2.55 元以上的期权涨幅不大，甚至还有下跌的，因为标的还有 3 天就到期了，很多人预测涨不上去，因此深度虚值的期权会加速归零。若标的有较大波动，那么虚值期权盈利的倍数久会比较大，但是一般买入不会太多，所以也不要过多地羡慕别人在短期内赚了多少倍。盈亏同源，别人亏损的概率也是比较大的。

图 5-26　2018 年 10 月 19 日 50ETF 期权 10 月合约 T 型报价

（5）"大逆不道"，顺势而为。"大逆不道"在这里的意思是，在逆了大的方向，不是正确的道路时，不要随便去抄底，也不要随便去猜顶，更不要一阳或一阴就改三观，应顺势而为，将权利仓与义务仓相结合并合成策略。

第 6 章

可转债：期权思想在资产
配置中的价值

可转债的全称是可转换公司债券（Convertible Bond），是上市公司进行债权-股权融资的重要工具之一。可转债本身内嵌看涨方向的期权（但又与实际的认购期权有区别），又兼具债权的防御性。如果说股票是"守正"，那么期权就是"奇兵"，而可转债的债性也是一种"守正"，内嵌的看涨期权则是"出奇"。因此，可转债在大类资产配置中具有重要的地位。

1. 可转债的基本属性

可转债有六个基本属性：评级、票面利息、存续期限、行权价格、转股（行权）期限、附加条款。图 6-1 所示为中信转债的重要属性。在本章内容中，有些过于专业的内容会进行简略地介绍，如复杂的量化和金融工程的要点，因为它们在实际交易中的应用并不是必须要掌握的。大道至简，投资者的优势在于对可转债规则的理解和对大势行情的判断，而不是去琢磨高深的知识点。

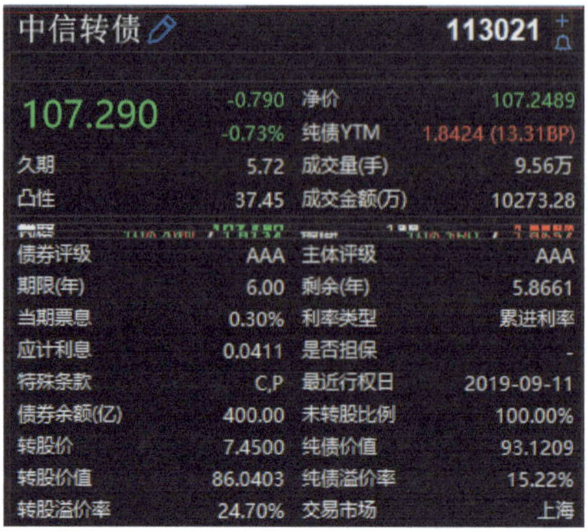

图 6-1　中信转债的重要属性

　　可转债的本质是公司债券，那么就涉及和普通的公司债券一样的属性：评级、票面利息、存续期限等。债券的评级是根据公司的资产规模、盈利情况、历史偿债记录、是否有担保等因素，由专业的评级公司决定的。市场上主要的评级公司包括中诚信国际、联合资信、上海新世纪资信、大公国际等。对于可转债的投资人来说，评级在 AAA 级、AA＋级的品种可以被认为是具有较高等级的债券，对应中大盘股；低于 AA＋级的债券则被认为是低等级的，对应中小盘股。相对而言，具有较高等级的债券的信用风险较小，出现违约的可能性较小。

　　票面利息是指发行可转债的公司，每年付给债券持有人的利息。由于可转债潜在的盈利空间明显高于普通信用债券，因此债券的票面利息相对会更低，一般只有年化 1%～2%，这部分还需要扣税，因此在实际交易中，票面利息的多少并不是关键，或者说可转债的投资获利并不是靠利息来达成的。在可转债的票面利息中，很有意思的一点是前几年的利息支付很低，往往不足 1%，而到后期逐渐升高。这就隐含了一个假设，就是如果公司股价在发行后维持强势，或持续走高，那么后期若干年的利息是不用支付的，公司的财务成本也能因此降低（图 6-2）。

光大转债[113011.SH] - 现金流　　　　中国光大银行股份有限公司

现金流

现金流发生日	期末每百元面额应付利息	期末每百元面额应付本金	期末每百元面额现金流	现金流类型	票面利率(%)
2018-03-17	0.2000	0.0000	0.2000	付息	0.2000
2019-03-17	0.5000	0.0000	0.5000	付息	0.5000
2020-03-17	1.0000	0.0000	1.0000	付息	1.0000
2021-03-17	1.5000	0.0000	1.5000	付息	1.5000
2022-03-17	1.8000	0.0000	1.8000	付息	1.8000
2023-03-17	5.0000	100.0000	105.0000	兑付	2.0000

图 6-2　光大转债票面利息示意图

可转债的行权价格是指债券可以以什么价格转换成对应公司的股票。初始的转股价会在发行时确定，与当时发行的股价有关，且随着股票的分红、送股、增发新股或配股等因素做相应调整，保证转债持有人的利益不受损。转股价的下修条款是决定投资可转债很难赔钱的重要原因，这种机会主要来自股价走势不利时。例如，蓝色光标发行的蓝标转债，在 2015 年 12 月 18 日发行时转股价为 15.30 元，经过了 2015—2018 年的熊市，公司股价一路下行，惨不忍睹，但公司先在 2017 年 6 月决定下修转股价，从之前的 14.95 元下调到 10 元。下修之前，1000 元/张的债券可以转成 66.89 股（1000÷14.95＝66.89 股）；下修调整后，可以转为 100 股（1000/10＝100 股），较调整之前多了 50%。随后，在 2018—2019 年该公司先后两次召开股东大会，将转股价最终下调到 4.31 元。这一价格相当于初始股价打了 3 折。从 2015 年年底到 2019 年，蓝色光标的股票投资人赔得很惨（图 6-3），然而转债的初始投资者尽管忍受了最低跌到 85 元的浮亏，但整体账面仍然有 10%的收益，而且在 2019 年年初还涨到过 140 元以上（图 6-4）。

转股期限指的是转债可以转为股票的时间区间。一般而言，刚上市的转债是不能转股的。在发行半年以后，就可以在交易软件中直接输入转股代码，将债券转为股票了。在转股期内，可转债的价格和股价的关系呈明显的正相关，但有以下两点需要注意。

图 6-3　蓝色光标转债月线走势图

图 6-4　蓝色光标月线走势图

一是进入转股期后，大多数转债的价格要比转股价值高，这就好比一个实值期权在到期之前的时间价值大多为正值，因此可转债的投资者尽量避免进行转股操作，否则将会失去这部分时间价值。如果认为涨势差不多了，需要获利了结，那么就可以直接采取卖出转债的方式实现。

二是对于少部分转债，其价格低于实际的转股价值，也就是说出现了负转股溢价率的情况。在这种情况下，投资者可以通过买入转债并进行转股操作，再将转换得到的股票卖出，进行套利操作。以图 6-5 中的特发转债为例，当前转债的价格为 215.800 元，然而其转股价值为 233.870 元，最近的行权日为 2019 年 5 月 22 日。如果其他因素不变，只是时间变为 5 月 22 日之后，那么投资人可以先以 215.800 元买入转债，转股之后以 233.870 元的理论价格卖掉，实现套利。

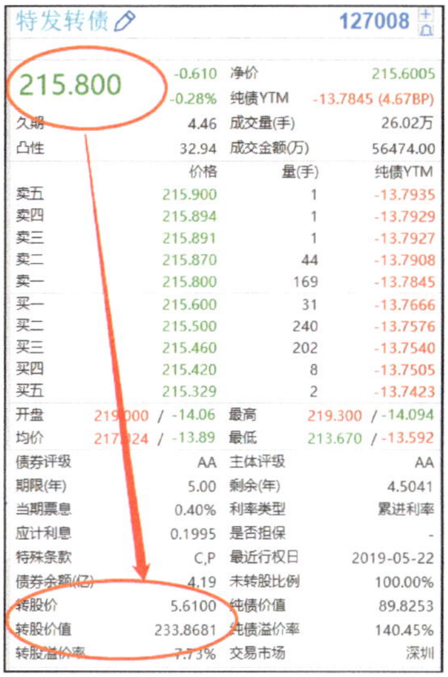

图 6-5　特发转债价格与转股价值

附加条款主要包括下修条款、回售条款、强制赎回条款等。下修条款在前文转股价部分中已简要介绍。回售条款可以理解为到期还钱的条款，相当于给上市公司定下了时间上的期限，在此之前必须解决转债的问题。强制赎回条款是给债券持有人的紧箍咒，当可转债价格跟随股市的上涨而上涨到一定程度时，督促持有人及时获利了结，而不能无限期地持有的条款。

最后一个需要明确的知识点是可转债价格的组成方式，其中可转债价格＝债券价值（债底）＋看涨期权价值。债券部分的价值应该参考同样等级、同样到期收益率的公司债券价值。相比于普通公司债券 5%～7%的票面利息，可转债的票面利息较低，一般在 2%以下。体现在债券价值上，就是债券价值低于 100 元，一般为 75～85 元，而面值减去债券价值就是看涨期权的价值。在发行时，看涨期权的价值一般为 15～25 元。

发行后，如果股价走势不如人意，此时期权价格就会下跌，但债券价格大体不变，转债价格的下跌幅度远小于股票价格的下跌幅度，前文的蓝色光标就是明显的例子。而如果最后股价仍然没有上涨，发行人只能通过回售的方式"还钱"，此时可转债持有人仍将获得收益（图 6-6），但获利的来源和期权性质就没什么关系了。

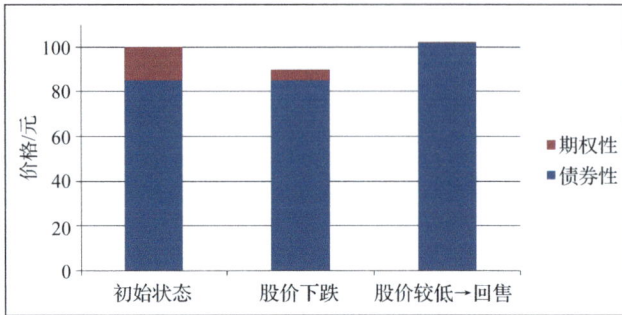

图 6-6　可转债价格特性分解-1

反之，如果在可转债发行后赶上牛市，股价上升，则投资者赚取的主要是期权价格上涨的收益。可转债价格上涨的越多，期权价值的比重就越大，可转债价格的波动和正股的相关性也就越强。如果股价在转股期内维持强势，满足了强制赎回的条件，那么这只转债的使命也就接近完成，准备退市了（图 6-7）。

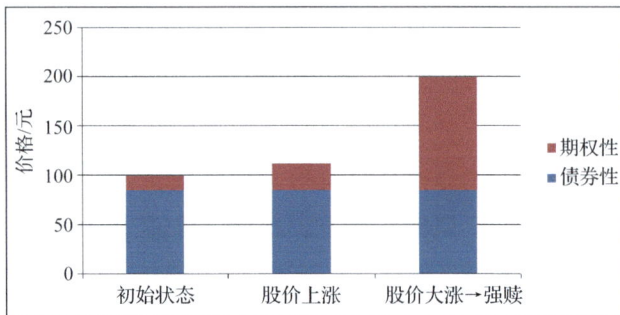

图 6-7　可转债价格特性分解-2

2. 可转债与期权的区别与联系

在了解了可转债的基本知识之后，我们知道可转债就是债券（债底）

＋看涨期权＋强制赎回条款的混合品种。可转债与期权的区别和联系主要体现在以下四个方面。

一是方向和行权价的差别。期权最简单的方向有四个：买入看涨、卖出看涨、买入看跌、卖出看跌，另外交易的方向灵活多变，可根据行情适时调整；而可转债的方向只能是买入看涨的方向，即做"傻多头"。这也是为什么转债的大行情往往比较慢，以季度乃至年为周期（图 6-8），而期权每个月都有不同的小周期可以操作。

图6-8　中证转债指数周线行情（2014—2019 年）

二是资金占用量的差别。期权的买方只需要付出每张几百元甚至几十元的权利金，即可获得操控名义本金两三万元的 ETF 涨跌的权利，而期权的卖方也能通过付出保证金和收取权利金的方式拥有至少 4 倍以上的杠杆空间，杠杆式投资也是期权高收益的重要来源。而可转债很难加杠杆，在2017 年之前，还可以通过债券质押式回购（正回购）的方式进行杠杆套作，每购买100 元的转债可以质押借出60～70 元，反复操作后可将杠杆加到1～1.5 倍。但随着质押式回购投资的监管逐渐升级，门槛大幅提高，目前这一投资方式已属于专业机构独有了。因此，可转债的资金占用量比期权明显要高，进行杠杆式投资的难度也越来越大，而更多体现出的是配置价值。投资者可以专门用一部分资金来投资可转债，以较长周期（2～3 年）作为一个交易的大周期，实现年化 15%～20%的投资回报。

三是潜在盈亏空间的差异。期权的买方可以运用几十倍的杠杆，当指数出现一定波动（3%～5%）时，就有几倍的利润，临近到期日的类末日轮行情甚至可能出现十倍以上的利润。而可转债更多的是"重装步兵"，如果在一个中周期中能翻番，就已经是很大的行情了。以 2014—2015 年的牛市为例，蓝筹股转债的代表有平安转债和中行转债，从前期价格底部算起，累计涨幅约在 100%，分别如图 6-9 和图 6-10 所示。

图 6-9　平安转债走势（2014—2015 年）

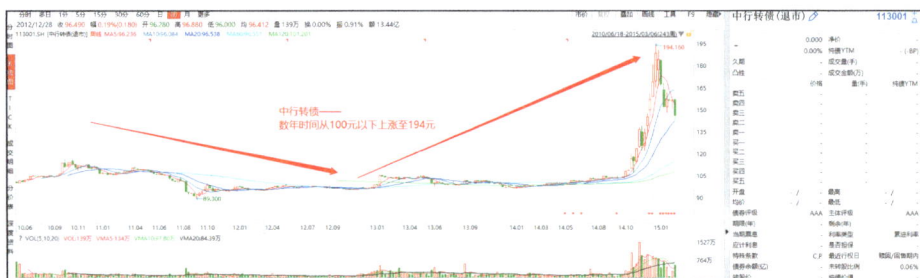

图 6-10　中行转债走势（2010—2015 年）

小盘股转债的潜在涨幅可以很高，比如可转债历史上的第一高价债——通鼎转债，在 2015 年大牛市时曾经达到 665 元的高位。其主要原因是正股通鼎互联在 2015 年 4 月复牌后，资金集中拉升，使得该股取得连续 18 个交易日涨停板，股价在一个月内翻了 5.5 倍，而可转债也从停牌之前的 138 元，最高上涨到了 665.99 元，涨幅在 3.8 倍左右（图 6-11 和图 6-12）。我们可以看到，此时可转债的涨幅没有高于正股涨幅，甚至略微低一些。这是由于停牌前股价在相对"低位"时，可转债存在一定的溢价，此时的看涨期权有很多的时间价值。而随着股价上涨，强制赎回的可能性越来越大，此时可转债的存续期进入倒计时，买方不愿意支付过高的时间价值成本了，因此在这一阶段的转股溢价率会急剧回落，甚至在强赎开始后变为负数。

图 6-11　通鼎转债日线走势

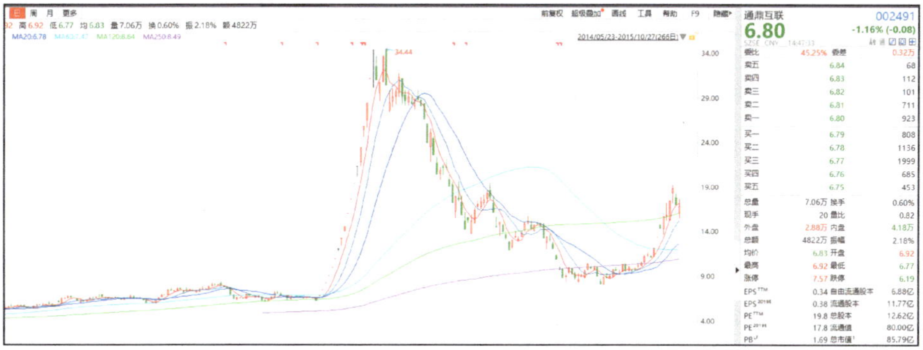

图 6-12　通鼎互联日线走势

如果把可转债的投资分为债券部分和期权部分的话，可以看到期权部分的涨幅是十分可观的。如果按照通鼎转债发行时 15 元左右的期权价值到强制赎回时的 660 多元来算，涨幅接近 43 倍，而债券部分的金额占用拉低了整体的资金收益率。

四是存续期的差异。期权的存续期是明确的，上证 50ETF 期权的四个大周期是当月（主力）合约、下月合约、当季合约和下季合约，且随着时间的推移逐渐向后滚动。而可转债的存续期是不确定的，除了前半年不能转股，在进入转股期后，其存续期跟股票的价格是息息相关的。如果股价持续低迷，转债迟迟不能满足转股条件，则转债将一直交易。在转债史上，曾经有一只"公主变灰姑娘"的转债，其可谓命运多舛，即格力转债。格力转债（格力地产）在 2014 年年底成功发行，2015 年年初上市，赶上了大牛市，转债价格一度突破 300 元，眼看快到 2015 年 6 月底准备转股了，结果极端行情的大熊市来了，格力地产的股价在一个月内遭遇腰斩，并一直低迷至 2019 年，如图 6-13 和图 6-14 所示。

图 6-13　格力转债周线走势图

有些转债可谓"天选之子"，如万信转债（万达信息），其自从上市后，股价就进入了上涨通道，在上市满半年之后就满足了转股条件。在其上市 211 天后，转债成功后转股退市了，这也是可转债历史上期限最短的一只转债（图 6-15）。如果投资者在 2018 年 1 月买入万信转债，到 2018 年 6 月就可以获得 80%的回报，即使持有至 2018 年 8 月，在赎回之前卖掉或转股，回报率也有 50%左右，年化收益率超过 70%。实际上，期权策略的总资金收益率也并不是每年都能有这么高。

图 6-14　格力地产周线走势图

图 6-15　万信转债日线走势图

从历史数据来看，可转债在 2011 年以前投资周期较长，存续期中位数为 1039 天，也就是 2.8 年左右（图 6-16）。而 2011 年以后，存续期明显缩短，可转债存续期中位数下降到 511 天（图 6-17）。这一特点主要是由于转债市场的逐渐放开，导致中等市值的公司也可以发行可转债，而这类公司股价弹性较高，一旦有行业或者公司级别的利好，股价上涨 40%～50%即可满足强制赎回的条件。

3. 可转债投资的买入策略

20 世纪 80 年代，金融学术领域提出了固定比例组合保险（Constant Proportion Portfolio Insurance，CPPI）策略，其核心观点是将投资者所有的交易资产分成进攻性仓位和防御性仓位。进攻性仓位购买权益类、另类投资资产，占比较小；防御性仓位购买固定收益、不动产等资产，占比较大。如果进攻性仓位盈利，则资本总量扩大，可以进行再平衡；反之，则可以通过防御性仓位的现金流进行弥补，做到攻守兼备。在资产管理行业中，保本基金就是固定比例组合保险策略的实际体现。

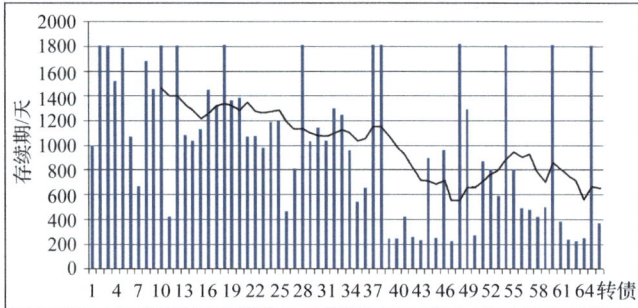

图 6-16　可转债存续期（2011 年以前）

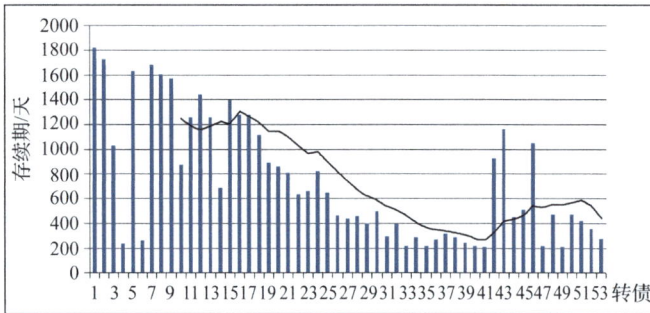

图 6-17　可转债存续期（2011—2019 年）

从资产类别上看，可转债也是固定比例组合保险策略的体现，在面值附近或者以下买入，拿到后强赎卖出，实现 30% 以上的收益是可以预期的。然而很多投资者在可转债上亏了钱，从而认为可转债投资比较难。这主要是由于很多人把可转债当作股票来操作，追涨杀跌，缺乏配置的观念。还有人看到转债指数常年不涨（图 6-18），就认为转债没有配置价值。实际上，转债指数的编制方法决定了它在不断地去"强"留"弱"，当转债大涨，强赎退市之后，就被剔除出指数，而只有常年不涨的品种和新品种才会包含在内。在真实的投资中，指数不涨，而转债组合实现丰厚回报的事例屡见不鲜。

图 6-18　中证转债指数周线图（2013—2019 年）

在买入转债的操作方法上，比较有效的是只关注正股公司基本面相对优质的可转债，制定买入的价格，以网格式进行买入。可转债的债券评级，就给投资者提供了一个参考标准。

我们统计了 2015 年以来发行的转债，可以看到公司的总市值和债券评级呈正向关，即评级越高，公司市值越大，基本面也相对越稳健（图 6-19）。一般而言，债券评级在 AA 级以上的公司，可以认为是"投资级"。我们把投资范围限定在 AA 级以上的品种，可以减少误买到易亏损公司可转债的概率。特别是在 2018—2019 年，各种中小盘股票出现业绩暴雷，因此对股票和可转债的投资者而言，应该将防范风险放在第一位。

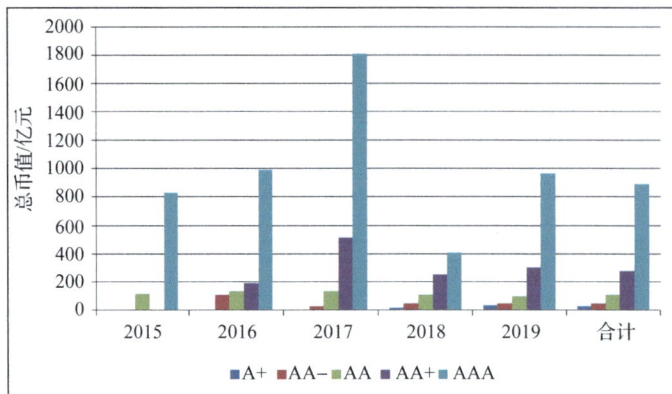

图 6-19　转债对应的正股总市值均值及不同评级

从进攻性来看，不同评级的转债对应的正股市值有差别。评级 AAA 级的转债对应大盘股，如金融板块、央企或国企股票。这类品种稳健有余，但股价大幅上涨需要较长时间的盈利改善，或者需要一波牛市行情，这种转债内嵌的看涨期权就好比 50ETF 的期权。而评级在 AA 级别及以下的转债对应中盘股，往往只需要一个行业级别的利好，甚至公司个股级别的利好（如资产注入等），行情就可以走出 30%以上的涨幅。因此，这类转债内嵌的看涨期权弹性更大，类似于创业板或者个股期权。

一种常见的方式是转债投资者可以根据自身的风险偏好，决定不同评级转债的持仓占比。例如，如果投资者风险偏好较低，则可以主要配置高评级的品种，从 AAA 级到 AA-级以金字塔型，以从大到小的比例配置（如 AAA∶AA＋∶AA∶AA-＝4∶3∶2∶1）。

另一种常见的方式是按照评级由高到低均衡持仓。我们以一个中期行情内各个评级转债的表现来看一下不同持仓的特点。

2019 年 1 月底，A 股逐渐走出筑底震荡的行情，开启了一波为期两三个月的中级反弹，指数从 2550 点左右最高上涨到 3288 点。在此期间，转债持有人获益颇丰。选择全部可转债可以看到，高评级的转债上涨幅度相对较小，而越是低评级的弹性越好（图 6-20）。如果投资者前期选择金字塔型买入策略，那么总收益率就主要取决于中高评级的转债表现，按 4：3：2：1 的比例买入，总收益率为 12.99%。如果投资者选择均衡买入，那么总收益率就可达到 15.67%。

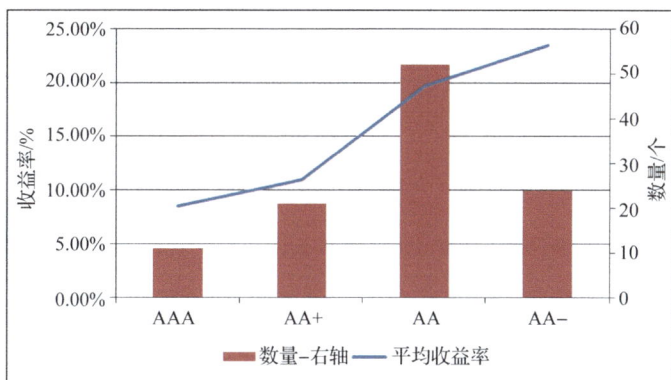

图 6-20　不同评级可转债在中期反弹中的平均收益率

　　另有一种较为激进的投资方式，即只投资 AA 级以下的转债，博取高弹性的潜在收益。一般 AAA 级的转债跌到 95 元就已经进入有价值的区域，但 AA-级或者 A＋级的品种则可能要跌到 90 元甚至 85 元以下。可转债的历史最低价格也是 A＋级的辉丰转债创下的，即在 2018 年第四季度创下了 71 元的价格（图 6-21）。如果在面值附近买入，亏损幅度就可能接近 30%。

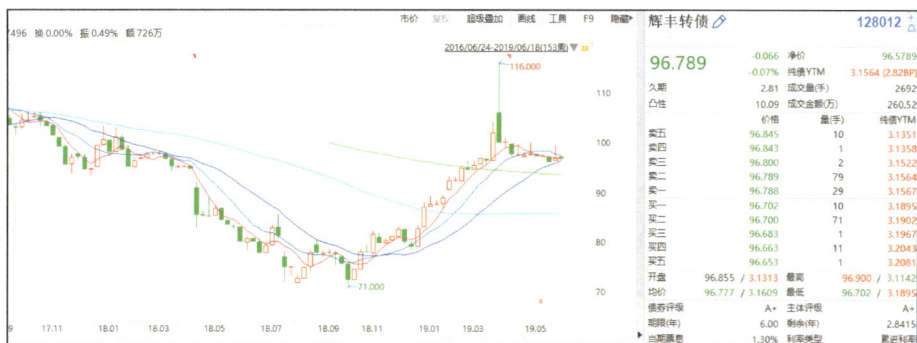

图 6-21　辉丰转债周线走势图

在实际交易中，比较有效的仓位控制方法是根据不同评级的持仓比例，事先圈定包含 10～15 只可转债的池子，每只转债的持仓上限可以限制在 7%～10% 以内。分散的持仓决定了投资者不会由于单个公司的突发性问题带来净值的大幅回撤。即使某只转债突然下跌了 10%，也只会影响总资金 1% 左右的收益率，因此大幅降低了回撤风险。当然，另外也就决定了这种策略很难在短期内获取暴利。

在每只转债的持仓限额（7%～10%）内，投资者可以进行网格式买入，这种策略的特点是无论转债市场如何波动，投资者都事先计划好进场的时点，待转债价格跌到一定位置时进行机械式的买入操作。如果没有足够的安全边际就不买，暂时持有现金。有活跃的转债交易者曾经讽刺这种分散持仓、网格式买入的策略是"龟派气功"，认为不够刺激。但我们要明白，可转债市场比股票、期权市场温和，绝不是追求刺激的地方。实际上，这种偏被动的策略比每天猜行情涨跌，或者看技术分析图定买卖点要有效得多。在投资哲学上，这种分层买入等待上涨的方式和期权卖方的思路是相似的，都是以时间换空间，同时在面对市场时不过度预测，保持"弱者"心态。

具体来说，投资者在做出买入决策时，将每一只转债按网格买入三次，计划买入的价格从高到低，可以参考图 6-22 和表 6-1 所示的价格，针对不同评级的品种确定买入的价格标准。如果在第一次买入后，转债价格反转向上，那么这 1/3 的仓位也能有所斩获；如果在买入三次后，转债价格仍然下跌，那么投资者则可以忍受暂时的浮亏，等到股价转暖后再获利还是比较容易的。

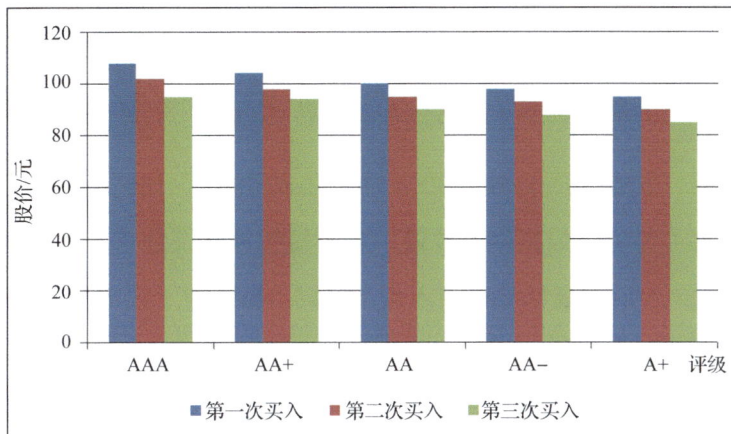

图 6-22 不同评级转债三次买入价格

表 6-1 不同评级转债三次买入价格

	第一次买入/元	第二次买入/元	第三次买入/元
AAA	108	102	95
AA+	104	98	94
AA	100	95	90
AA−	98	93	88
A+	95	90	85

4. 可转债投资的卖出策略

相对于买入策略需要针对不同的转债品种、不同的市场环境做灵活处理，卖出可转债的策略较为简单。当正股价格高于转股价格 30%（即为转股价格的 1.3 倍），并保持一段时间（一般为 30 天中的 15 天）后，发行人有权利开启强制赎回的流程，这只转债也将逐渐步入它生命周期的末期。而这个结果对于转债投资者和公司都是值得庆祝的，因为投资者获取了投资回报，特别是如果股价迅速上涨，收益率可以很高；而公司也达成了发行转债的初衷，扩充了股本融资，而且不用再支付转债剩余期限的利息。然而对于转债内嵌的认购期权，其时间价值会快速下降，期权的存续周期由强制赎回之前的几年以上变为了一两个月。因此，在转债价格开始上涨超过 130 元时，转债的涨幅可能会开始弱于股票，甚至出现转债的转股价值低于价格的情况。在这种情况下，转债投资者需要逐渐考虑落袋为安了。

转债的卖出策略主要秉承右侧冲高回落的思路，主要分为三步走。

第一步，在转债价格突破 130 元时卖出部分仓位，比例区间为 1/4～1/2。这部分卖出主要考虑的是做大波段，防止短暂冲高又回落。投资者既减轻了不少仓位，为后续逢低波段买入留下空间，也保留了大部分的进攻仓位，以便博取潜在的高收益。实际上，在期权买方的操作中，也有"翻倍平一半"的说法，撤出本金的投入，从而摆脱在市场波动下盈亏震荡带来的患得患失的心态，放手让利润奔跑。

第二步，设定移动止盈，将最高点回撤 5～10 元作为第二个减仓点，这个减仓点可以低于 130 元。回撤区间设定得越宽，越不容易被市场的震荡洗出来，而利润的回撤是恒定的，这就为转债投资者保留了跟随股价上涨获得利润的可能性。

第三步，在强制赎回期的中后期清仓，告别这一只转债。如果投资者是按照前述买入策略进行建仓的，其建仓成本应该在 100 元左右，甚至更低。在一个可转债的投资周期中，稳健地获取 30%以上的投资回报，对于大类资产配置来说是一个不错的结果。

以上的可转债卖出策略是针对每个可转债的具体走势，动态决定卖出点位的，还有一种就是不去猜测最高点位和最高点位的回落，只是机械地随着价格不断攀升而卖出。例如，之前持有 1000 张可转债，在 130 元卖出 300 张，往上每上涨 10 元就卖出 100 张，没卖出的部分在临近强赎时进行清仓。如果转债最高上涨到了 200 元，则可按照计划阶梯性地卖出全部转债，而如果只涨到了 160 元，则有 400 张转债是在临近强赎时卖出的，当时的价格可能比 160 元要低不少。可以看出，这是一种典型的左侧卖出策略，最终的结果是卖在了大多数可转债面值至峰值价格区间的"山腰"部分。在这种策略中能够冲上 200 元的可转债少之又少，结合 2010 年以来退市转债的历史高价来看（图 6-23），这个假设是成立的，特别是在 2015 年之前的可转债，赶上了 2014—2015 年波澜壮阔的大牛市，有不少达到 200 元以上的转债品种。而在 2015 年以后，可转债的峰值价格鲜有突破 200 元的。总的来说，静态卖出策略也是行之有效的。

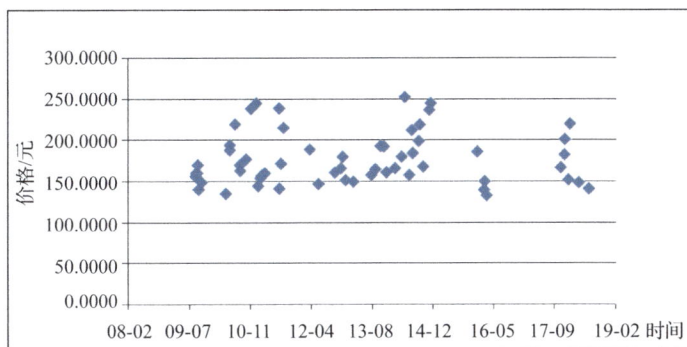

图 6-23　2010—2019 年退市转债的最高价格

注：为保障可视性，本图剔除了两只最高价格的可转债，分别是 373.12 元的东华转债和 665.99 元的通鼎转债。

总之，在资产配置中可转债和期权有很强的互补性，而其带有"防守反击"色彩的投资策略也和期权卖方的投资理念有相通之处。一个成熟的期权投资者，应该打通对期权、期货、可转债等衍生品的理解，做到大类资产的全天候配置。

后　记

摘取属于自己的期权明珠

期权作为金融衍生品皇冠上的明珠，吸引了无数投资者对其进行深入研究和实践。在市面上已经有很多关于期权策略和技术性分析的图书，可以适应不同的市场环境。而在本书从构思到写作的过程中，我更希望呈现给读者的是能够体现期权卖方规律性的内容。在本书中，反复强调长期坚持的心态和成熟的风险控制方法，这是期权卖方能够把握的两个规律，也是长期的优势所在。

在本书即将付梓之时，我看着书稿，好像再次经历了 4 年以来的交易生涯。在这段时间里，我既有顺风顺水的"躺赚"时刻，也有操作不利进而质疑自己交易模式的"至暗时刻"；曾经体验过顶住压力最终迎来波动率崩塌的逆转胜利，也曾体验过时间价值平稳流失的淡然喜悦。这些经历最终汇聚成本书，证明了期权卖方的操作模式是可以成功的。投资者要对期权收益有合理的预期，不要追求一夜暴富，只要抱着每个月/季度都能有所收获的心态就好。

在本书撰写的过程中，得到了来自各方面的支持和帮助。感谢我的家人，特别是我的爷爷魏启宇，让我明白了坚持的意义与传承的价值。感谢期权交易者学会的王勇老师、小马老师等，在期权交易的道路上伴我一路前行。感谢在期权投资、教学中结识的交易员，我们在实战中互相切磋，已经结下了深厚的友谊。

截至 2019 年 10 月底，上证 50 期权的月均持仓量已经突破了 350 万张，再次创下历史新高。期权这颗明珠必将在未来绽放出璀璨的光芒。希望本书的读者能够把握住时代赋予我们的机遇，乘势而上，摘取属于自己的期权明珠！

明 达

2019 年 10 月于北京